A PRÁTICA DA MEDITAÇÃO TIBETANA

NICK DUDKA

SYLVIA LUETJOHANN

A PRÁTICA DA MEDITAÇÃO TIBETANA

Imagens que Estimulam a Compaixão, a Descoberta e a Sabedoria

Tradução:
ZILDA HUTCHINSON SCHILD SILVA

Prefácio de:
CHÖGYAL NAMKHAI NORBU

EDITORA PENSAMENTO
São Paulo

Título original: *Tibetische Meditationspraxis in Bildern*.

Copyright © 2005 Windpferd Verlagsgesellschaft mbH, Aitrang – www.windpferd.de.

Publicado mediante acordo com Schneelöwe Verlagsberatung & Verlag – D-87648 Aitrang/Germany.

Todos os direitos reservados. Nenhuma parte deste livro pode ser reproduzida ou usada de qualquer forma ou por qualquer meio, eletrônico ou mecânico, inclusive fotocópias, gravações ou sistema de armazenamento em banco de dados, sem permissão por escrito, exceto nos casos de trechos curtos citados em resenhas críticas ou artigos de revistas.

A Editora Pensamento-Cultrix Ltda. não se responsabiliza por eventuais mudanças ocorridas nos endereços convencionais ou eletrônicos citados neste livro.

Ilustrações: Nick Dudka

Dados Internacionais de Catalogação na Publicação (CIP)
(Câmara Brasileira do Livro, SP, Brasil)

Dudka, Nick
　A prática da meditação tibetana : imagens que estimulam a compaixão, a descoberta e a sabedoria / Nick Dudka, Sylvia Luetjohann ; tradução Zilda Hutchinson Schild Silva ; prefácio de Chögyal Namkhai Norbu. — São Paulo: Pensamento, 2009.

　Título original: Tibetische Meditationspraxis in Bildern.
　Bibliografia.
　ISBN 978-85-315-1578-1

　1. Budismo – Tibete 2. Literatura budista tibetana 3. Meditações budistas I. Luetjohann, Sylvia. II. Norbu, Chögyal Namkhai. III. Título.

09-03829　　　　　　　　　　　　　　　　CDD-294.3923

Índices para catálogo sistemático:

1. Budismo tibetano : Religião　294.3923
2. Meditação tibetana : Religião　294.3923

O primeiro número à esquerda indica a edição, ou reedição, desta obra. A primeira dezena à direita indica o ano em que esta edição, ou reedição, foi publicada.

Edição　　　　　　　　　　　　　　　　　　　　　　　　　　　　　　Ano
1-2-3-4-5-6-7　　　　　　　　　　　　　　　　　　　　09-10-11-12-13-14-15

Direitos de tradução para o Brasil
adquiridos com exclusividade pela
EDITORA PENSAMENTO-CULTRIX LTDA.
Rua Dr. Mário Vicente, 368 — 04270-000 — São Paulo, SP
Fone: 2066-9000 — Fax: 2066-9008
E-mail: pensamento@cultrix.com.br
http://www.pensamento-cultrix.com.br
que se reserva a propriedade literária desta tradução.

*Possa o precioso espírito da iluminação
aparecer onde ele ainda não apareceu,
e possa ele, onde já apareceu,
multiplicar-se e crescer.*

SUMÁRIO

Prefácio de Chögyal Namkhai Norbu 9

Introdução 11

Os Budas das três épocas 27

Guru *Padmasambhava* 35

Vajradhara 45

Vajrasattva 53

O *Avalokiteshvara* de mil braços 61

A Tara Verde 71

A Tara Branca 79

O Buda da Medicina 87

Manjushri (*Rigsum Gonpo*) 95

Vajrapani 103

Palden Lhamo 111

A roda da existência 119

Dedicatória de merecimento 131

Agradecimentos 133

Glossário 134

Bibliografia 143

PREFÁCIO DE CHÖGYAL NAMKHAI NORBU

A sabedoria antiquíssima do Tibete tem muitas formas diferentes de expressão: filosofia budista, gramática, lógica, medicina e astrologia. A pintura *Thangka* é uma parte dessa ciência sagrada, que teve início há vários séculos.

Cada época descreve à sua maneira o caminho espiritual para a iluminação, e um caminho espiritual precisa de certo esclarecimento e assistência. A pintura *Thangka* talvez seja a única forma de arte que resume os numerosos aspectos numa única exposição.

No plano comum, a pintura *Thangka* pode parecer uma forma de arte simples, que tem como objeto os quadros de Buda dos grandes mestres e sua história de vida. Pode tratar-se também de representações das divindades que nos ajudam a controlar as dificuldades da nossa vida. As narrações podem ensinar o observador e, ao mesmo tempo, proporcionar-lhe alegria ilimitada ao acompanhar o pincel do artista.

Para o praticante, uma pintura *Thangka* pode representar o estado que corresponde ao verdadeiro estado do "Buda em nós". Por um lado, uma *Thangka* é um meio de ajuda para a visualização e, por outro, nos mostra qual a aparência do nosso amigo, o ser divino, em nós. No plano mais elevado, a *Thangka* nos apresenta o modo como é formado o nosso próprio estado, o nosso puro ser pessoal.

Meu aluno Nick Dudka, que estuda e pratica essa arte tibetana sagrada há mais de vinte anos, pintou as *Thangkas* criadas para este livro. Nick, que vive em Burjatien, no leste da Rússia, aprendeu e integrou em si mesmo a pintura *Thangka tibetana* tradicional. Suas cores são pura e altamente expressivas, as proporções e os desenhos feitos com exatidão. De acordo com a tradição, as pinturas *Thangka* são executadas com amor e atenção – e deve ser mesmo assim. Nick trabalha exatamente dessa maneira. Eu estou convencido de que esta edição, com reproduções das pinturas *Thangka* de Nick, ajudará a todas as pessoas que estão interessadas nessa prática e que também buscam a realização.

INTRODUÇÃO

*O espírito é o grande artista,
ele pinta a verdade relativa
com o pincel da ideia original.*

(Thinley Norbu)

A arte tibetana se baseia inteiramente na doutrina budista, o dharma, e sua prática. As imagens de meditação reunidas neste baralho são chamadas de *Thangkas*. A palavra tibetana *Thangka*, como designação para um quadro em rolo com uma representação religiosa, deriva de *thang yig* e significa "relatório" ou "desenho". Uma *Thangka*, no sentido geral, é uma pintura budista. Ela apresenta a forma ideal de uma divindade do panteão budista e pode transmitir a presença de um aspecto do Buda, de quem é a personificação. A partir daí ela é a representação simbólica de uma das mais elevadas verdades budistas, que um vislumbre da natureza do espírito proporciona. Como tal, ela é muito mais do que um mero objeto de veneração, mas um meio de ajuda extraordinariamente importante para a prática da meditação.

A tradição tibetana dos rolos de pintura

A tradição dos rolos de pintura é muito propagada no Tibete, o que se explica pelo grande número de nômades entre a população. Os imperadores locais já viajavam por ali e erguiam seus acampamentos em diferentes lugares, nos quais, naqueles tempos, montavam os tribunais. Posteriormente, esse costume também foi adotado pelas ordens religiosas, e a vida monástica era uma parte estável da cultura tibetana; por exemplo, a palavra tibetana *gar*, que originalmente significa "acampamento de nômades" ainda é hoje um sinônimo comum para "mosteiro". Em suas viagens os monges levavam com eles todos os pertences de que necessitavam para praticar sua religião; entre outras coisas, também altares portáteis e rolos de pinturas como substitutos das pinturas das paredes dos templos. Quando cada vez mais templos surgiram, as *thangkas* continuaram sendo pintadas como rolos de pintura e penduradas nas construções.

Geralmente as *thangkas* são pintadas em tecido de linho e às vezes também na seda. Depois de prontas são emolduradas com brocados de diferentes cores. No meio da guarnição, embaixo do quadro, um quadrado trabalhado de modo especialmente delicado representa uma espécie de "portal", que simboliza a entrada para outras dimensões. Como proteção, as pinturas são cobertas com uma cortina de panos vermelhos e amarelos de seda nos quais estão penduradas duas fitas vermelhas. Essas *lung nön* ou "quebra-ventos" são um resquício das épocas em que as *thangkas* ainda ficavam penduradas nas tendas e por segurança precisavam ser amarradas na parede das tendas, contra as rajadas de vento. No alto e embaixo eram introduzidos bastões de madeira no brocado.

Originalmente essas pinturas em rolo eram usadas por contadores de histórias itinerantes como ajuda visual para suas narrativas. No decurso do tempo tornaram-se obras de arte; em seguida, obras de arte sacra, que eram usadas para fins de ensino e, até hoje, como objetos de adoração. Elas servem principalmente como ajuda para a meditação e são usadas nas mais elevadas práticas tântricas para aprimoramento das visualizações meditativas. Na maioria das vezes as *thangkas* especiais ficam ocultas atrás de uma cortina e são mostradas no contexto de cerimônias ou acontecimentos festivos. Os praticantes penduram *thangkas* com representações de gurus da sua linha de transmissão ou de *yidams*, suas divindades pessoais de meditação, como lembrança constante de sua presença em seus escrínios.

Quando não é visto como um mero trabalho manual, o preparo de uma *thangka* pode ser em si mesmo parte de um ritual religioso e da prática espiritual. A formação atém-se a determinadas regras estabelecidas: com exceção dos elementos da paisagem e outras formas de adorno, não se permite a autoexpressão artística individual. Especialmente as divindades precisam ser pintadas de acordo com determinadas diretrizes, para que se alcance o efeito visado no contexto da prática espiritual. Todo o processo de pintura é entendido como uma prática de meditação. Essa tradição se preserva até hoje sem interrupção, e as técnicas quase não se modificaram durante os séculos.

Elementos da iconografia tibetana

O Tibete está cercado em todas as direções por países cultural e artisticamente altamente desenvolvidos. Nenhuma cultura – tampouco a tibetana – se desenvolveu num vácuo. Por isso refletem-se na arte tibetana muitas influências das civilizações vizinhas. No século VIII, o príncipe Trisong Detsen convidou artistas e artesãos da Índia, China, Nepal, Caxemira, Pérsia e Khotan para virem ao Tibete. Na construção do *Samyê*, o primeiro templo budista em solo tibetano, a parte inferior foi erigida em estilo tibetano, a do meio em estilo chinês e a parte superior foi coberta com um telhado hindu. À pintura *thangka* foram incorporadas sobretudo influências da arte hindu e chinesa nas representações. O que as distingue especialmente das representações chinesas ou hindus explica-se pelas circunstâncias especiais que o budismo encontrou ao ser introduzido no Tibete e pela introdução dos elementos xamânicos da religião pré-budista Bön.

No entanto, os diferentes estilos de arte que coexistem na pintura *thangka*, em última análise, subordinam-se ao conteúdo, pois também aqui se trata de uma arte visionária, que quer encontrar o acesso a um mundo espiritual e, portanto, à natureza do espírito por meio das imagens simbólicas. A diversidade das pinturas *thangkas* apresentadas pode ser dividida em seis grupos de temas gerais:

1. *Seres iluminados*: A este grupo pertencem os Budas, os Bodhisattvas e os gurus. Eles são visualizados para obter refúgio e desenvolver *bodhichitta*, são um objeto de entrega e representam a ligação com a linha de transmissão espiritual. Veja sobre esse tema os dois capítulos "Os três corpos de um Buda e "As cinco famílias de Buda".

2. *Yidams*: No caso de um *yidam*, trata-se de uma divindade pessoal de meditação, que, de acordo com a constituição psíquica e espiritual do praticante ou também como complemento da sua forma característica de expressão, representa a natureza de Buda para ele. Com isso o discípulo pode reconhecer sua energia básica e concretizar a união com as qualidades do *yidam* na sua prática.
3. *Dharmapalas*: Estes são guardiães da doutrina, que protegem coletivamente o *dharma* contra inimigos externos, mas individualmente protegem também o praticante de ilusões e desvios na sua prática. Na forma de *lokapalas* eles são vistos como aspectos do ego nacional, que não protegem somente a doutrina, mas também o local e, portanto, o país.
4. *Ilustrações da doutrina*: O exemplo mais conhecido desse grupo é a roda da existência. Também fazem parte deste grupo as ilustrações para o tantra da medicina e as ofertas sacrificiais para as cinco formas de consciência dos sentidos.
5. *Mandalas e Stupas*: Uma *mandala* é uma representação simbólica das forças cósmicas, na maioria das vezes personificadas por uma divindade da meditação, que junta numerosos elementos numa unidade organizada. Um *stupa* é uma representação simbólica do corpo, fala e espírito de Buda num relicário concebido na forma da cosmologia budista e dos cinco elementos. Ambas as representações podem ser tridimensionais.
6. *Yantras*: Um *yantra* é um modelo geométrico, que representa os elementos da iconografia numa forma muito abstrata.

Os três corpos de um Buda

O grande número de formas das *thangkas* tibetanas também está ligado à doutrina *Trikaya* dos "três corpos de um Buda". Um Buda pode tomar várias formas para estimular as criaturas nos mais diferentes âmbitos de existência. Uma criatura que concretiza o estado de Buda também consegue três corpos diferentes ao mesmo tempo: o *dharmakaya* ou "corpo da verdade" corresponde ao conhecimento puro de um Buda e encarna o aspecto do vazio do seu espírito; na maioria das vezes esse âmbito não tem forma e só se manifesta na forma de seu *Adi-Buda* original (vajradhara/vajrasattva e samantabhadra). O *sambhogakaya* ou "corpo de felicidade" representa uma dimensão sutil da alegria e harmonia e corresponde à clareza e ao brilho do espírito; nesse âmbito manifestam-se a maioria das divindades da meditação. O *nirmanakaya* ou "corpo de irradiação" designa a forma de aparição de um Buda em nosso mundo material e corresponde à encarnação da energia e dinamismo ilimitados do espírito; aqui se manifestam os mestres como, por exemplo, o *Buda Shakyamuni* e o guru *Padmasambhava*.

Em geral as explicações verbais não bastariam para podermos reconhecer que no mundo material também já se manifesta a realidade mais elevada. Sobretudo com as apresentações no âmbito do *sambhogakaya*, a pintura *thangka* ilustra esse conhecimento plasticamente e transmite essa possibilidade de tomar conhecimento da beleza, da perfeição e do potencial de realização no mundo material.

As cinco famílias de Buda

Os cinco princípios das famílias de Buda existem essencialmente para a compreensão dos quadros de meditação e pertencem às bases da prática tântrica budista. No leste elas formam a mandala com *vajra*, no sul com *rama*, no oeste com *padma* e no norte com *karma*, tendo o Buda no centro. Nelas encarna-se um princípio de cada vez, que tem dois lados como uma moeda: a forma confusa ou neurótica de energia é transformada em energia de sabedoria. Essas formas despertas de consciência são encarnadas no âmbito do *sambhogakaya* por cinco *Dhyani-Budas* transcendentais, que são todos manifestações de um princípio de Buda. Os *bodhisattvas* e *yidams* servem como seus ajudantes práticos e representantes no âmbito do *sambhogakaya*.

Vajra está ligado ao elemento Água e à cor branca; o Dhyani-Buda é *Akshobhya*, o símbolo do cetro de diamante indestrutível. A energia da cólera é transformada em sabedoria igual a um espelho.

Ratna é associado ao elemento Terra e à cor amarela; o Dhyani-Buda é *Ratnasambhava*, o símbolo da pedra preciosa que realiza os desejos. O orgulho e a arrogância são transformados na sabedoria da impassibilidade.

Padma está ligado ao elemento Fogo e à cor vermelha; o Dhyani-Buda é *Amitabha*, o símbolo do lótus. A energia da paixão, do desejo e do apego é transformada na sabedoria do discernimento.

Karma está ligado ao elemento Ar e à cor verde; o Dhyani-Buda é *Amoghasiddhi*, o símbolo de uma espada ou de um *vajra* duplo. A energia neurótica do ciúme é transformada em sabedoria que aperfeiçoa tudo.

Buda no centro pertence ao éter ou espaço com a cor azul; o Dhyani-Buda é *Vairochana*, o símbolo da roda do *dharma*. A ignorância é transformada em sabedoria penetrante.

Sobre o papel das divindades no budismo tibetano

Quase todos os rituais tibetanos, toda prática Sadhana tem uma ligação com uma "divindade" – com um ser perfeito e radiante da iluminação, com um aspecto da natureza de Buda. Como essas divindades podem ser unidas com a filosofia budista construída de forma totalmente lógica?

De acordo com a visão de Dagyab Kyabgön Rinpoche, o budismo não deixa espaço para impressões supersticiosas; no entanto, determinados modos de pensar e práticas do Bön bem como das religiões naturais antecedentes se infiltraram nele. Nas forças positivas dos cinco elementos os demônios nocivos eram identificados como deuses. Consequentemente, surgiram práticas para adorar os deuses e expulsar os demônios. Entre elas estão costumes religiosos, orações para dormir, sacrifícios, práticas para atrair a sorte e repelir os danos, rituais de limpeza e dos mortos, práticas raivosas, determinados rituais de proteção e assim por diante. Esses antigos costumes, que até hoje são praticados por todos, dos grandes sábios à população simples, no contexto do budismo devem estar sempre impregnados pelo "sal do bodhichitta" e o "tempero do vazio".

Justamente em correlação com as muitas divindades no mundo de imagens e na prática do budismo tibetano, a compreensão do vazio é especialmente importante. Ela não significa o mesmo que um "nada", mas parte da lei da formação dependente e da falta de substância de todos os fenômenos no sentido de que estes, pelo fato de só existirem em dependência recíproca, estão "vazios" de uma realidade absoluta. Para uma melhor compreensão gostamos de usar a comparação com o *sonho*, cujas imagens desaparecem assim que despertamos do sono. Se em virtude da ignorância as coisas e as experiências forem tidas como reais, embora somente sejam como sonhos, isso provoca sofrimento. O conhecimento do seu vazio é sabedoria. Quando o praticante visualiza a si mesmo na forma de diferentes divindades na prática Vajrayana, todas as coisas de sua natureza podem ser reconhecidas mais facilmente como "vazias"; e como verdade e método andam juntos, desse conhecimento surge a compaixão espontânea.

OS MEIOS TALENTOSOS DA PRÁTICA VAJRAYANA

Pratique no exterior a condução pura da vida
e os ensinamentos básicos do Buda.
Em seguida, desenvolva Bodhichitta e
seja um Bodhisattva no coração.
No interior vá pelo caminho da transformação
e pratique o meio talentoso do vajrayana.

(Patrul Rinpoche)

Depois da instrução tanto intelectual como também meditativa no nível do Hinayana e Mahayana, segue o nível da prática tântrica do Vajrayana. Esta inclui uma diversidade de métodos de meditação para rapidamente levar o praticante ao objetivo do despertar total para o bem de todos os seres sensíveis. Em geral ela começa com os quatro exercícios preparatórios do *ngöndro* e continua com a meditação numa divindade pessoal, o *yidam*. Todos esses exercícios são acompanhados por visualizações. Estas não são um objetivo em si mesmas, mas servem à troca das imagens interiores habituais, pensamentos e formações espirituais por meio de conteúdos mais saudáveis. A pintura tibetana thangka foi desenvolvida principalmente para sustentar a técnica da visualização. O objetivo da visualização não é adorarmos uma divindade exterior qualquer; muito mais ela deve nos ajudar na realização e total interiorização de uma presença esclarecedora, que possa introduzir o processo de identificação com um determinado princípio de energia e inspiração. Portanto, nessa arte não se trata, como de costume, de estimular um comportamento distanciado entre o observador e o quadro, mas o quadro deve estimular o observador a entender ativamente a forma que lhe é apresentada como determinado âmbito da realização e, finalmente, unir-se com ela.

Tulku Urgyen, um mestre de meditação contemporâneo (falecido em 1996) fez um resumo muito conciso e impressionante do caminho vajrayana: o vajrayana simplesmente é denominado como o caminho rápido e direto para a iluminação, porque ele une a prática do desenvolvimento e o nível da perfeição – unindo dessa maneira o meio engenhoso e a sabedoria. Essa prática associa a visualização de uma divindade da meditação com a experiência da própria essência espiritual. A instrução do vajrayana ajuda-nos a saber que todos os fenômenos, "assim como eles são", constituem a mandala do Buda. Para possibilitar essa percepção, os *sadhanas* são praticados como sequências de recitações e exercícios de visualização de uma divindade.

No *Kyerim*, no grau de desenvolvimento da visualização progressiva da mandala exterior, trabalha-se com o apego ao mundo da forma, principalmente com as impressões dos sentidos através das quais tomamos os fenômenos como reais. Na prática Sadhana todas as impressões são visualizadas como país puro e mandala da divindade, todos os sons são percebidos como mantras, todos os pensamentos como expressão do espírito da divindade e, com isso, como o vazio do próprio espírito. No *Dzogrim*, o grau da conclusão, o praticante trabalha com as energias da mandala interior. No lugar da força espiritual de imaginação surge a visão pura, até que, dentro e fora no corpo, fala e espírito sejam integrados.

Toda prática formal de Sadhana começa com a fuga e o despertar do Bodhichitta, o pensamento da iluminação; em seguida, continua com as práticas do desenvolvimento e o grau de conclusão como parte principal, e é encerrada com a prestação de serviço e orações, desejando o bem das outras pessoas. Dessa maneira o praticante une os ensinamentos sutra com o tantra e pratica os elementos mais importantes de todos os três veículos "na mesma sessão de prática, no mesmo assento de meditação".

O yoga das divindades: a prática yidam

As divindades pessoais de meditação chamadas *Yidam* não são deuses com caráter próprio, de acordo com o conceito ocidental de deus. Dentro da prática tântrica, representam a diversidade de formas da energia da iluminação e da realização do Buda. São aspectos de determinadas qualidades e atividades do corpo, da fala e do espírito de Buda. Conforme a situação e de acordo com a disposição interior do praticante, o Buda pode manifestar-se como meigo e pacífico, forte e decidido, mas também como colérico e destruidor. As diferentes formas do yidam correspondem à mudança dos três venenos radicais ou paixões na energia pura incontida: a ignorância corresponde à forma pacífica, o ódio e a antipatia à forma colérica; desejo e apego têm como foco a forma alegre de divindades que, na maioria das vezes, são apresentadas em congregação.

As divindades visualizadas são ajudas da meditação. Elas representam símbolos do despertar, da libertação total e, com isso, oferecem superfícies ideais de projeção do nosso próprio potencial interior para qualidades despertas e libertadoras. Através das "imagens do despertar", como são apresentadas nas thangkas tibetanas, podemos desenvolver a confiança genuína na nossa sabedoria interior.

Como preparativo para a prática das meditações tântricas, das quais faz parte a visualização de um yidam, precisamos de uma base estável e uma visão baseada na prática direta das quatro nobres verdades do Hinayana. Já nos familiarizamos com os ensinamentos principais do Mahayana, ao qual pertencem a motivação do Bodhichitta e uma compreensão do vazio. Isto é, o desejo pela iluminação de todos os seres está intimamente associado ao entendimento de que nós próprios, assim como as coisas que percebemos, temos um núcleo essencial imutável. O vínculo entre as divindades e as três joias do refúgio é o pensamento da formação dependente que leva à compreensão do vazio, que por sua vez é idêntica à qualidade da divindade. Bodhichitta e a compreensão do vazio obtém uma maior força espiritual pelo método tântrico. Com essa base, através da projeção da divindade, o praticante pode mais depressa alcançar experiência interior e conhecimentos.

A apresentação da divindade da meditação é a expressão virtual de uma qualidade especial de Buda, por exemplo, a compaixão. À imaginação de uma divindade de meditação na abertura do espaço pode seguir-se uma identificação perfeita com ela e uma aproximação mais rápida das qualidades incorporadas, do que se apenas as mentalizássemos e as quiséssemos desenvolver unicamente pelo intelecto. A prática do yidam de início pode fazer efeito apenas no âmbito da imaginação, mas a partir do inconsciente ela põe em movimento, por si mesma, os processos de desenvolvimento correspondentes, caso ainda duvidemos da eficácia dessa prática. Os elementos de quadros, símbolos e cores com os quais trabalhamos pertencem à linguagem do inconsciente e dali atuam sobre nossos sentimentos e pensamentos. A prática regular transforma cada vez mais a qualidade especial do yidam num componente fixo na torrente espiritual do praticante e o transforma.

Em seu aspecto interior o yidam corresponde, a cada vez, a uma característica especial e a uma experiência que nos é apresentada, como a compaixão espontânea e abrangente. O yidam encarna qualidades que o praticante busca realizar em si mesmo, e é ao mesmo tempo uma espécie de diretriz para o caminho, o método usado para alcançar o objetivo visado. Portanto, devemos compreender o yidam também como arquétipo, como imagem primordial da psique humana. Esses arquétipos são parte do inconsciente coletivo, que abrigam em si as possibilidades potenciais da psique individual. Os aspectos fracamente desenvolvidos na personalidade podem assim ser desenvolvidos e continuar se desenvolvendo, assim como a compaixão através da identificação com Avalokiteshvara e a força, a energia e a capacidade de resistência com Vajrapani etc. Mas não precisamos ter medo de que com a nossa prática se possam fortalecer os assim chamados aspectos yidam enraivecidos e as tendências destrutivas adormecidas em nós. Isso é impedido pelo fato de que a divindade yidam, como expressão da energia iluminada, só pode atuar para o bem e não para o mal das criaturas. Por outro lado, também não é possível porque no contexto da prática sempre tornamos presente a motivação do Bodhichitta e temos a experiência direta do vazio essencial na aparição do yidam.

A prática yidam ocupa um lugar muito elevado no budismo tibetano. De acordo com a opinião do mestre tibetano Kalu Rinpoche, a meditação regular já pode substituir os quatro exercícios preparatórios do *ngöndro* quando o tempo é restrito demais ou quando faltam as correspondentes capacidade e tendência. Como a prática *ngöndro*, também a prática yidam pode libertar de padrões habituais negativos e apoiar o praticante na necessária reunião do mérito e da sabedoria necessárias para a iluminação.

A ESTRUTURA DE UMA VISUALIZAÇÃO

Olhe, sem nenhuma tensão e sem se fixar nela,
para a essência de tudo o que acontece.
O observador e o observado se fundem,
sem nenhuma fixação no olhar e na meditação.

(Karma Chagme)

Visualizar significa deixar surgir imagens de seres iluminados diante dos nossos olhos espirituais, para então, através da prática, apoiar nosso objetivado processo de transformação. Através da técnica da visualização como parte da meditação, se forma uma ligação concreta com as divindades apresentadas nas *thangkas* e os aspectos encarnados por elas do estar desperto. Entre as formas, as cores e as posturas que as figuras assumem, e o tipo de consciência encarnado por elas, existe uma correspondência exata. Quando as formas obtêm acesso à nossa consciência e aí se impregnam cada vez mais, podemos aproximar-nos das qualidades por elas representadas e concretizá-las aos poucos.

Nos ensinamentos do dharma sempre se enfatiza como é importante a compreensão do vazio para a prática Sadhana como um todo. Isso significa que não só a própria pessoa que vivencia e a vivência da sua existência samsárica, mas também a experiência da divindade da meditação nada mais apresentam do que a verdade relativa e uma verdade de validade relativa. Em geral, "o círculo do efeito dos três" encerra um sujeito e um objeto, bem como uma relação entre os dois. Quando todos esses componentes não [mais] forem levados em conta na prática yidam porque estão "vazios", surge um espaço totalmente aberto. Isso também é chamado de "Pureza tríplice" e é expresso pela fórmula: "Eu não existo, a visualização exterior não existe; e o ato da visualização não existe". Por isso, tanto no início como no fim da prática Sadhana, é necessário imaginar meditativamente o vazio e criar um espaço aberto para eliminar o apego e a fixação ao ego. Outro pilar da prática é sempre o pensamento regressivo sobre a motivação do Bodhichitta.

A meditação no yidam visa a que o praticante se sinta tão puro como a própria divindade, e com isso se transfira para um estado onde não há terreno para venenos espirituais e nenhum lugar para conceitos abstratos. A visualização do yidam é uma ajuda da meditação. Ela deve transmitir a sensação de *clareza* penetrante, isto é, o praticante visualiza a si mesmo como divindade de meditação e, no caso ideal, sente-se a si mesmo como essa divindade radiante e totalmente viva. Nos textos, essa equiparação é designada como "autoconcepção". A isso se acrescenta *mudra*, o conhecimento exato dos mudras e símbolos que são personificados pelas divindades, como, por exemplo, a cor do corpo. O branco representa pureza e as joias representam o aspecto da transformação em sabedoria. Com essa base o praticante desenvolve o *orgulho divino,* que em todo caso é totalmente destituído de ego, e que para evitar mal-entendidos tradicionalmente também é descrito pelo conceito "Dignidade vajra".

Um aspecto da prática yidam deve ao menos ser mencionado rapidamente, mesmo que se relacione quase totalmente com a experiência pessoal totalmente subjetiva. A divindade da meditação de modo nenhum é apenas um requisito útil para se fazer "progresso" na prática. Entre o praticante e o seu yidam surge (em algum momento) um relacionamento muito estreito e pessoal, um relacionamento cheio de sentimento, sustentado pela dedicação e respeito. Disso dão testemunho os cantos e invocações de muitos grandes praticantes, que são dirigidos ao yidam e não só convocam sua presença mas também justamente a celebram. Por exemplo, isso também fica claro na exaltação das Taras verde e branca reproduzidas neste livro.

No início da prática medita-se sobre o vazio, e então se usa a consciência para reconhecer o vazio como base para a aparência de uma divindade como expressão de um determinado aspecto de Buda. O caráter da visualização tem de ser sem substância e transparente, de aparência vazia e luminosa, comparável a um arco-íris no céu. A imagem visualizada parece bem clara, visível e presente. Essa imaginação viva do yidam é possível com a correspondente experiência de meditação, porque as diferentes divindades da meditação têm uma realidade própria, que partiu da observação de um ser perfeitamente concretizado.

A manifestação da divindade acontece por meio do som, da luz e dos raios. O *som* é o mantra, que serve para ligar a visualização com o efeito da energia. A *luz* é o aspecto visível dessa energia, que ainda não assumiu nenhuma forma específica. Essa luz jorra do coração da divindade, entrando através do vértice da cabeça do praticante, ou a divindade se dissolve totalmente na luz e se derrete no corpo do praticante. A partir do sentimento nítido de ser um com a divindade, este se visualiza então como a divindade. Na forma de *raios* surgem as múltiplas formas e cores da mandala. A isso o praticante visualiza OM na testa, AH na garganta e HUNG no coração da divindade, e permite que os raios que partem dos respectivos "três locais" alcancem o seu próprio corpo. Isso leva à unificação com a divindade visualizada, ou seja, com o princípio encarnado por ela.

No final da prática a divindade visualizada é dissolvida outra vez no espaço aberto do vazio, como sinal de que todas as coisas estão livres de um núcleo essencial imutável, sua aparência é como uma ilusão, a essência pura de uma divindade da sabedoria e expressão da sua mandala.

Diz-se que a visualização mais fiel possível da divindade em geral estimula a concentração espiritual. Para as pessoas que agem fortemente a partir do intelecto, ela ajuda a utilizar seus dons espirituais de modo construtivo, ao passo que nas pessoas espirituais mais preguiçosas ela desperta e aguça o espírito. No entanto, deve-se ressaltar que os sentimentos despertados em nós pelas imagens não são menos importantes do que a nossa confiança na força e eficácia da nossa prática de meditação. Mesmo que a prática de início se desenrole mais no âmbito da imaginação, nas escrituras afirma-se que esses exercícios estabelecem "o resultado futuro trazendo-o ao caminho presente" e com isso deitando a semente para a futura realização real. O que só é apresentado numa fase de desenvolvimento é realmente concretizado na fase de conclusão.

A visualização criativa e outros exercícios, em que são usadas apresentações de divindades da meditação, são ajudas muito eficazes na descoberta da nossa própria natureza de Buda, porque essas imagens podem transmitir a energia pura do estado concretizado. Por meio do conhecimento e reconhecimento do potencial da natureza de Buda em seu interior, o praticante aprende a experimentar todos os fenômenos como manifestações da mandala da divindade, todos os sons como mantra da divindade e todos os pensamentos como expressão da sabedoria ilimitada da divindade.

PRÁTICA FORMAL E COTIDIANA

*Quando a sua dedicação e a sua confiança
na doutrina são ilimitadas, toda situação de vida
pode tornar-se parte do seu exercício.
Você pode viver o exercício, em vez de somente praticá-lo.*
(Rangjung Rigpe Dorje, 16º Karmapa)

Por exemplo, pode a capacidade de transformação numa divindade ser usada também na vida cotidiana para a transformação de paixões e, em caso afirmativo, de que modo? Namkhai Norbu Rinpoche fez uma observação muito útil tirada da própria experiência: ele só compreendeu esse princípio paulatinamente, depois de receber do seu mestre a indicação de ver na apresentação do Buda e do Bodhisattva uma descrição do seu próprio estado.

O cotidiano como exercício? – Realmente, toda situação de vida pode ser diretamente o exercício de apreender mais uma vez os versos de entrada do Karmapa. Nós não praticamos mais para a vida, para depois, mas a vivemos diretamente como exercício.

Em cada um dos capítulos seguintes sobre os doze diferentes modelos de imagens há um trecho "Aspecto da prática" em que tanto se trata da prática formal tradicional quanto também de sua transposição e da inclusão de determinados valores básicos budistas na vida do dia a dia. Naturalmente, nem as indicações sobre a prática sadhana formal nem os textos podem ou querem substituir as instruções. À prática quase sempre pertencem a autorização e a iniciação por um mestre capacitado, especialmente no caso do yidam e das divindades raivosas de meditação.

Para a prática formal vale, como para a adaptação geral do budismo tibetano, o fato de que a tradição e a cultura religiosa não devem ser confundidas com a essência da mensagem. Os mestres tibetanos contemporâneos como Chögyam Trungpa sempre enfatizam que não faz sentido simplesmente contrariar a tradição ocidental dos discípulos ocidentais; ao mesmo tempo, os mestres também deveriam ser instruídos sobre o "trabalho básico com o espírito". Disso faz parte a prática sem forma da meditação sentada, de início, por exemplo, *shamata* como exercício da calma interior do espírito e *vipassana* como meditação do conhecimento e, nos estágios conclusivos mais elevados, a meditação *mahamudra* e *dzogchen*.

Mesmo que seja altamente necessário passar determinadas fases do exercício em recolhimento, a prática dharma de forma alguma implica uma retirada do mundo. O trabalho conjunto na criação de uma "sociedade iluminada" é até mesmo muito compensador. A união de prática espiritual com atividades mundanas pode, por exemplo, oferecer ao praticante a possibilidade de usar seu talento especial de maneira hábil e para o bem das outras pessoas.

A eternidade da Thangka tibetana

Nick Dudka, o pintor das imagens de meditação descritas aqui, vive em Ulan-Ude, uma cidade em Burjatien, que fica na ponta extrema da Rússia, não muito distante das fronteiras da Mongólia e da China. Antes de mais nada, ele estudou, praticou e aprendeu a arte ocidental. Há cerca de 20 anos, entrou em contato com o budismo tibetano em Burjatien. Posteriormente Namkhai Norbu Rinpoche, cuja caligrafia espiritual mostra algumas das mais complexas apresentações, tornou-se o seu mestre principal. Logo depois do contato com a religião, filosofia e arte tibetanas, Nick desistiu da pintura ocidental e começou o estudo intensivo da pintura Thangka. Viagens de estudo o levaram à Mongólia, à Índia e ao Nepal até que finalmente, na *Library of Tibetan Works and Archives*, em Dharamsala, recebeu um curso de um ano sob direção do venerável Sangye Yeshe, o artista pessoal do Dalai Lama.

As imagens de meditação de Nick são pintadas no estilo tradicional Menri e, por assim dizer, irradiam uma autenticidade destituída de espaço e tempo. De acordo com o lema "A água é mais clara quanto mais ela está próxima da fonte", ele se orienta com tanta exatidão quanto possível pelos modelos tradicionais, capta-os sensível e emocionalmente em si mesmo e, inspirado por eles, faz os seus quadros. Como já mencionamos mais acima, estes atuam no âmbito dos arquétipos, nossas imagens psíquicas interiores. Uma arte como essa somente pode ser vista como uma forma de expressão da realidade da "percepção pura e ampliada" de um Buda.

Interrogado sobre o efeito da sua arte sobre os homens ocidentais modernos, ele fala sobre as assim chamadas "seis possibilidades de libertação". Por exemplo, conhecemos a "libertação por meio da audição" em ligação com a recitação de textos do *Livro Tibetano dos Mortos*. A pintura Thangka naturalmente oferece a oportunidade de uma "libertação por meio da visão" – uma porta que pode abrir-se para qualquer pessoa. As imagens de Nick são eternas e também não se prendem a nenhum lugar determinado. Ele vive e trabalha em Burjatien, na Ásia Central, portanto, não muito longe do Tibete, mas ele poderia pintar seus quadros igualmente bem em Ulan-Ude, assim como em Dharamsala, em Frankfurt ou Nova York.

*Na superfície de todos os fenômenos
eu pinto a visão da não dualidade
com o pincel da meditação.
Atendo-me aos ensinamentos
da inseparabilidade de aparição e vazio,
sou o artista dos mestres...*

(Padmasambhava)

OS BUDAS DAS TRÊS ÉPOCAS

*Louvor a todos os leões entre os homens,
que vieram ao mundo nas três épocas e das dez direções,
que despertaram o bodhi e alcançaram a libertação.
A vós todos, nossos protetores, sem exceção,
eu peço para girar a roda insuperável da doutrina.*

(Da oração de sete partes do Bhadrachari)

A tradição

Esta imagem mostra os Budas das três épocas, em tibetano, *Düsum Sangye*. A palavra *Sangye* reflete o processo de conscientização através do qual, em última análise, todos podem tornar-se um Buda; *sang* significa "desperto" – desperto do sono da ignorância, depois que todos os obscurecimentos mentais foram eliminados; *gye* significa "ampliado" ou "totalmente desenvolvido", no sentido de que todas as qualidades positivas tenham sido formadas e uma pessoa desperta tenha desenvolvido todo o potencial do seu ser interior, especialmente a sabedoria perfeita e a compaixão ilimitada. Neste caso, a arte tibetana pode ser vista como uma forma de expressão da realidade da percepção pura e ampliada de um Buda.

Nas thangkas tibetanas há três tipos de representações de Buda, que derivam da Doutrina *Trikaya* dos "três corpos" de um Buda. O *Dharmakaya* é o corpo da verdade ou o âmbito da realidade mais elevada das qualidades iluminadas, que também podem ser vistas como expressão das cinco sabedorias de Buda. O *Sambhogakaya* é o corpo da mais elevada alegria e felicidade, que o Buda transcendente e o Bodhisattva adotam e que somente é visível para os seres realizados; ele se manifesta na

forma dos cinco Dhyani-Budas e do séquito dos Bodhisattvas e divindades de meditação que lhe são atribuídos. O *Nirmanakaya* é o corpo aparente como forma manifesta de iluminação, que também pode ser percebido pelas pessoas comuns; aqui aparecem grandes mestres, como Buda Shakyamuni ou Guru Padmasambhava. O conceito tibetano usado, *Tulku*, é a descrição de reencarnações conhecidas.

Há uma bela metáfora para essa ideia não muito fácil de entender. No espaço aberto do Dharmakaya, que tudo penetra, o Sambhogakaya se manifesta tão claro como a luz do Sol, enquanto que o Nirmanakaya, comparável a um arco-íris, atua para o bem-estar das criaturas. Do ponto de vista da prática, o Trikaya corresponde às três qualidades mentais do vazio, da clareza e da energia, que se expressam na tranquilidade do espírito, em seu movimento e no estado de percepção e presença conscientes.

Em cada época cósmica surge no mundo um Buda numa forma nirmanakaya visível. Os Budas das três épocas têm um corpo humano e em geral também compartilham da forma humana de vida. De acordo com as escrituras, todos os Budas passados, presentes e futuros encontram a iluminação na época de sorte prometida ao mundo, sob da árvore Bodhi do Vajrasana (a atual Bodhi-Gaya). Assim, Shakyamuni, o "Sábio de Vajrasana" está numa correlação cósmica abrangente. De acordo com esse ponto de vista, Buda Shakyamuni alcançou o estado de Buda ou Bodhisattva antes de ter aparecido no nosso mundo.

Um Buda é considerado o mais elevado nirmanakaya, que quer o bem das criaturas por meio de uma sequência determinada de ações em diferentes sistemas mundiais. Esses doze feitos de um Buda representam o modelo arquetípico do caminho para a iluminação perfeita e a formulação da sua doutrina. A sequência dessas ações começa com a decisão da última reencarnação terrena definitiva e, por meio da consciência do surgimento dependente, da necessidade e da efemeridade de toda a existência, leva ao despertar embaixo da árvore Bodhi, à formulação das quatro nobres verdades e ao nobre caminho óctuplo, à intenção de colocar a roda da doutrina em movimento e transmitir o profundo conhecimento da natureza das coisas às outras pessoas, até a entrada no *Parinirvana* – a libertação definitiva.

As raízes de *Maitreya*, o Buda do futuro, alcançam amplamente o passado. Quando o Buda da era atual, Shakyamuni, surgiu, Maitreya manifestou-se – juntamente com Avalokiteshvara, Manjushri e Vajrapani – como um dos oito grandes *Bodhisattvas*. Como encarnação de *Maitri*, bondade amorosa, unem-se nele, como é dito no *Avatamsaka-Sutra*, as facetas individuais, universais e espirituais da existência formando uma unidade curativa, de modo que todos os seres podem gozar a harmonia total em sua vida. O aparecimento de Maitreya no nosso mundo deve ser precedido por um tempo de decadência geral e de catástrofes, para então provocar um grande ponto de mutação na história. O culto que se desenvolveu para acelerar a chegada de Maitreya pertence às mais antigas tradições budistas e também está amplamente espalhado no sul da Ásia, na China e no Japão. Suas famosas "cinco obras" foram registradas no século IV de Asanga e estão contidas no cânon tibetano. Nos mosteiros tibetanos de todas as partes existem estátuas gigantescas de Maitreya, cuja transformação ritual simboliza que, com a aparição de um novo Buda cósmico, irrompe uma nova era de aprendizado, e que o dharma experimentará um renascimento.

Os elementos do quadro

A imagem mostra um Buda Shakyamuni da era atual no centro, que também tem uma posição de destaque no vajrayana. Ele está ladeado por seus dois discípulos Shariputra e Maudgalyayana. Na parte superior da imagem aparecem Kashyapa, um dos Budas do passado, e Maitreya, o Buda do futuro.

Como os dois outros Budas, Shakyamuni porta o manto tríplice do monge, o que indica que ele realizou totalmente a disciplina, a meditação e a sabedoria. Com sua mão direita ele executa o gesto de tocar na terra. Em seguida ele chama a terra como testemunha da sua vitória sobre as tentações de Mara e da verdade da sua "mais elevada e perfeita iluminação" – a decisão firme, a irrevogabilidade e a inflexibilidade da sua realização. Sua mão esquerda descansa no colo, a palma voltada para cima e segura uma tigela de esmolas como sinal da sua renúncia. Outro símbolo de renúncia e pureza que aparece na imagem é o lótus, enquanto que o Sol e a Lua representam as qualidades iluminadas da sabedoria e do método – a compaixão ativa.

O espaldar do trono leonino do Buda está enfeitado com seis ornamentos. Eles têm a forma de animais simbólicos, a realização do Buda dos seis *Paramitas*, que simbolizam os quatro tipos de ações transcendentais de um Bodhisattva. O Garuda bem acima representa a perfeição da doação, e então seguem os animais, símbolos da disciplina perfeita, da paciência, da energia alegre, e da meditação até os dois leões da neve, que personificam Prajnaparamita, a sabedoria perfeita.

Buda está cercado por seus discípulos mais importantes, que viveram de modo impecável, o que significa que seguiram o caminho. Em virtude de sua estreita ligação eles são vistos como "gêmeos" da *Sangha* original e normalmente são representados com um bastão de asceta e uma tigela de esmolas. A característica mais marcante de Shariputra era sua grande sabedoria; Maudgalyayana destacou-se especialmente pela sua força sobrenatural. Enquanto Shariputra se preocupava principalmente com os monges irmãos, Maudgalyayana mantinha um olho vivo nos discípulos leigos, pois Buda apreciava tanto a sangha dos monges como a dos leigos. Sua doutrina, a Budadharma, traz uma grande capacidade espiritual, como também leva em conta a situação de vida do praticante.

Em cima, à esquerda aparece o Buda do passado. Na forma arquetípica, na maioria das vezes é Dipamkara, o primeiro dos Budas que precedeu Shakyamuni – aqui apresentado na forma de Kashyapa, o último dos Budas da pré-história, com o gesto da doutrina e com a tigela de esmolas. Ele deve ter nascido em Benares, no Gazellenhain, em Sarnath, portanto, onde Shakyamuni mais tarde fez suas prédicas. A montanha Kukkutapada perto da Bodhi-Gaya é o local aonde Kashyapa entrou no *Parinirvana*. Aí também meditou Asanga durante doze anos, até que Maitreya lhe apareceu. De acordo com a lenda, o *stupa* que contém as relíquias de Kashyapa se abrirá quando Maitreya descer do seu alegre céu Tushita para o mundo dos homens; e Kashyapa ali lhe entregará as vestes de um Buda. A tigela de esmolas do Buda Shakyamuni deve ficar oculta até o momento em que o futuro Buda se manifestar na montanha Kukkutapada.

O Buda Maitreya (em cima, à direita), o Buda do futuro e, simultaneamente, o último Buda na Terra, segundo a profecia, é considerado o "Grande Amante". Na iconografia ele é com frequência representado com os dois pés no chão, ou com a Tara Verde na "posição lúdica sentada", como sinal da sua disposição de levantar-se do seu assento em dado momento para vir ao mundo. Constantes atributos de Maitreya são um stupa nos nós do seu cabelo e uma jarra de água com *Amrita*, o néctar da imortalidade. Aqui ele faz o gesto do ensinamento com as duas mãos e com isso coloca em movimento o dharmachakra – uma indicação de que ele girará outra vez a roda da doutrina que havia parado até a sua aparição.

Aspectos da prática

Buda não queria sustentar sua doutrina na mera crença e dedicação, mas sempre na própria análise e, não menos importante, na experiência concreta do mundo. Ele encorajou os homens a descobrirem para si mesmos respostas totalmente individuais, o que foi transmitido também em suas últimas palavras para Ananda, seu discípulo dileto: "Seja você mesmo uma luz, apoie-se no dharma." Com isso ele não quis apenas tirar de Ananda o medo da perda irreparável do mestre exterior, mas ao mesmo tempo encorajá-lo a penetrar mais fundo ainda na doutrina para realizá-la em si mesmo. Em última análise, essa é a descoberta da própria natureza de Buda.

Além dos cinco elementos do ser físico, nós, seres humanos, temos ainda o sexto elemento, a sabedoria. Com ela temos a capacidade ou pelo menos o potencial de poder reconhecer a verdadeira natureza do espírito e, com isso, a inerente natureza de Buda. Esse elemento, a sabedoria, no entanto, está escondido como se com um véu pelo nosso pensamento discursivo baseado na consciência. Através da prática da meditação esse véu pode ser descerrado pouco a pouco, e com isso o elemento da sabedoria pode aumentar no caminho espiritual e permitir-nos reconhecer a natureza de Buda.

Os Budas das três épocas podem nos levar para mais perto do princípio universal que é chamado de "natureza de Buda". Não são somente os Budas e Bodhisattvas que têm natureza de Buda, mas todos os seres sensíveis – assim como existe óleo numa semente de gergelim, que só precisa ser prensada, ou como a manteiga, que já está contida no leite. Quando os seres ainda não estão despertos, esse potencial espiritual está oculto em virtude da ignorância; sendo removidos esses obscurecimentos, eles são realmente Budas. Muitos textos tântricos contêm ensinamentos sobre a natureza de Buda, assim como o *Uttaratantra* de Asanga, que foi inspirado diretamente por Maitreya.

O mestre tibetano contemporâneo Tulku Urgyen compara a diferença entre os Budas e os seres sensíveis (com isso, também sofredores) com a diferença entre o aperto e a amplidão aberta do espaço. Os seres sensíveis se comparam ao espaço contido num punho firmemente fechado, enquanto os Budas são totalmente abertos e abrangentes. A natureza inerente de Buda possibilita que os seres senscientes se tornem seres despertos através dos exercícios do vajrayana baseados na sabedoria e na compaixão. A *base* disso é a natureza de Buda, que é comparada com o ouro imaculadamente puro. O ouro, que caiu na sujeira e ficou impuro, corresponde ao *caminho*, que aqui é usado como sinônimo do reconhecimento da natureza fundamental da base como ouro puro outra vez. Finalmente, o fruto é o estado concretizado, é reconhecer outra vez como ouro puro a natureza básica fundamental.

Com essa imagem como apoio da meditação não só podem ser visualizados os Budas das três épocas e especialmente o Buda Shakyamuni, mas também o nosso próprio Buda interior. Buda é ao mesmo tempo o mestre universal dos mundos, fonte do refúgio e idêntico ao nosso mestre pessoal, a encarnação da natureza de Buda inerente a todos os seres. Como foi descrito em linhas gerais na introdução, ele não nos aparece como uma substância sutil compacta, mas transparente e radiante em sua natureza luminosa. Os raios de luz que se irradiam dele alcançam o praticante e, com ele, todos os seres senscientes na amplidão do espaço. Com a recitação do mantra de Buda a luz jorra do coração dele e através do vértice da cabeça entra no corpo do praticante. No fim Buda se dissolve na luz, que então se funde totalmente com o praticante. A prática da meditação no Buda Shakyamuni tem uma grande força de bênção e um profundo efeito inspirador. Podemos confiar na nossa própria perfeição inata e desenvolver a concretização desse potencial. O fruto da nossa prática, o estado de Buda é introduzido no nosso caminho presente e na prática da meditação.

Nesta *thangka* – assim como na maioria das outras representações – abaixo do trono do Buda Shakyamuni, ao lado dos valiosos símbolos de felicidade, são apresentadas as dádivas sacrificiais dos cinco sentidos. Através do sacrifício das cinco diferentes formas de consciência da expressão dos sentidos, o espírito é libertado de seus apegos e preenchido com as qualidades a serviço da libertação. Com essa base o praticante torna-se receptivo para receber em si mesmo a bênção da transmissão das forças espirituais.

Entre os sacrifícios está em alfabeto tibetano a oração de pedidos dirigida ao Buda Shakyamuni e com isso a todos os Budas das três épocas. Ela contém o pedido de, por meio da força das orações e sacrifícios, libertar-se de doenças, da pobreza e de brigas em todas as regiões das dez direções e de experimentar a multiplicação do dharma e da felicidade. A seguir, o mantra do Buda Shakyamuni:

TAYATHA OM MUNI MUNI MAHAMUNIYE SWAHA

GURU *PADMASAMBHAVA*

*HUNG, na fronteira noroeste de Oddiyana,
no travesseiro de pólen de uma flor de lótus,
alcançastes o maravilhoso siddhi mais elevado.
És famoso como o nascido do lótus
e estás cercado por um séquito de dakinis.
Eu quero me aperfeiçoar conforme o teu exemplo.
Por favor, aproxima-te e dê-nos tuas bênçãos.*
GURU PADMA SIDDHI HUNG

(Oração de sete linhas ao Guru Rinpoche)

A tradição

Existem muitas versões sobre o aparecimento da oração extremamente famosa das sete linhas dirigida a Padmasambhava, o "nascido de um lótus", citada acima. Em uma delas uma dakini teria cantado o seu maravilhoso nascimento de um lótus no mar de Danakosha; de acordo com outra tradição, uma poderosa dakini ensinou essa oração ao pândita budista em Bodhgaya, para que pudessem conclamar o Mestre Padma e com sua ajuda vencer seus adversários não budistas, não só nos debates filosóficos, mas também nas competições de magia. A oração das sete linhas até hoje é uma das invocações mais frequentemente praticada das tradições nyingma e dzogchen, mas ela também é reconhecida por todas as outras linhas. Juntamente com o mantra de doze sílabas OM AH HUNGVAJRA GURU PADMA SIDDHI HUNG também é recitada parte do guru-yoga para a visualização do guru Rinpoche.

Padmasambhava ou guru Rinpoche, "o mais precioso mestre", é honrado no Tibete como o "segundo Buda", que no século VIII trouxe o dharma para o país da neve. Sua aparição para a disseminação dos ensinamentos do vajrayana já havia sido prevista pelo Buda Shakyamuni. Como emanação de Amitabha, o Dhyani-Buda da luz ilimitada, ele se manifestou na forma de um menino de oito anos numa ilha no meio do mar de Danakosha, sobre uma flor de lótus. Ali ele foi descoberto pelo rei Indrabhuti, adotado como filho e mais tarde nomeado herdeiro do trono. De modo análogo ao Buda Shakyamuni, voltou as costas à vida pomposa na corte, escolheu a vida de ascese, estudou diferentes artes ocultas e ciências, foi ordenado monge temporariamente e recebeu dos mais importantes mestres budistas ensinamentos e autorizações nos sutras e tantras. Depois tornou-se um yogue viajante e praticou principalmente nos oito grandes cemitérios da Índia, obteve forças sobrenaturais e recebeu as bênçãos das dakinis, que na forma colérica lhe apresentaram a natureza ilusória dos fenômenos. Para aprofundar sua realização, ele praticou com os líderes espirituais adequados, como a princesa indiana Mandarava e a princesa nepalense Shakyadevi. Sua principal discípula foi Yeshe Tsogyal, uma dakini encarnada e a esposa do rei tibetano Trisong Detsen.

O rei Trisong Detsen havia chamado Padmasambhava ao país por conselho do erudito hindu Shantarakshita para dominar as forças negativas em forma de espíritos e demônios, que se colocavam contra o estabelecimento da doutrina budista. Nos ensinamentos budistas avançados, eles são vistos como projeções dos elementos maldosos ou passionais do espírito coletivo, que por isso podem ser curados ou transformados, visto que são integrados na totalidade da mandala. Padmasambhava, que possuía os *sidhis* necessários para isso, não só subjugou os demônios e as divindades locais, mas também as converteu ao budismo, prendeu-as por um juramento e as integrou como protetores do dharma de aparência assustadora na mandala. Com isso, os elementos impregnados do xamanismo da doutrina Bön entraram para o budismo tântrico.

Depois da instalação do primeiro mosteiro Samyê, muitos tradutores hindus vieram ao Tibete e o abade Shantarakshita ordenou os primeiros monges tibetanos. Padmasambhava propagou sua doutrina a 25 discípulos principais, dos quais a maioria posteriormente encarnou como *Ter-*

töns e encontrou os preciosos textos ocultos. Dessa mais antiga tradição budista do Tibete surgiu a Nyingmapa, "a escola dos antigos", cujos ensinamentos são transmitidos e praticados até hoje ininterruptamente.

De acordo com as palavras de Sönam Gyatso, o 3º Dalai Lama, "as maravilhosas ações e esforços de Padmasambhava... abriram os iluminados portões da doutrina budista para um Tibete envolvido pela escuridão". Para grande sofrimento de todos os praticantes, ele finalmente deixou o Tibete para derrotar os rakshasas no continente insular sudoeste (Sri Lanka). Mas o precioso guru continua vivendo até hoje no coração das pessoas. Ele assumiu inúmeras formas, tanto pacíficas como coléricas; são conhecidas principalmente suas oito manifestações principais, que com frequência são representadas nas thangkas e danças de máscaras no início do ano novo. Os acontecimentos mais significativos da sua vida ainda são sempre encontrados no 10º dia de cada mês do calendário tibetano. Esse dia marca o momento em que ele foi condenado à morte na fogueira pelo rei de Zahor, o pai da princesa Mandarava; contudo, ele transformou o fogo num grande mar, em cujo centro ele mesmo apareceu em meditação profunda sobre uma flor de lótus. Sua poderosa energia é invocada como o princípio da iluminação encarnado no guru e é uma fonte de proteção, paz e harmonia. Sua prática e a recitação do seu mantra são consideradas especialmente eficazes, precisamente na confusão da época presente, como ele mesmo previu:

> *No tempo da negatividade e confusão, na última época do Kaliyuga, eu aparecerei todas as manhãs e noites como salvação dos seres senscientes. Virei como cavaleiro, cavalgando sobre a coroa de raios do sol nascente. Mas no décimo dia aparecerei com a forma da Lua crescente.*

Os elementos do quadro

Essa apresentação compõe-se de dois temas tradicionais de pintura: o primeiro contém o nome tibetano do guru *Shi-Drag Seng sum*, traduzido literalmente como "guru leão pacífico-colérico três", e abrange o pacífico guru Padmasambhava no centro, bem como no lado esquerdo superior o colérico guru Dragpo e, à direita, com a cabeça de leão, a dakini Simhamukha. O segundo tema na parte inferior da pintura chama-se *Ma Za Dam sum*, traduzido literalmente para o tibetano "Mamo [Ekajati] Rahula Damchen três", e representa os protetores do *dharma Ekajati* (no centro), Rahula e Damchen Dorje Legpa.

Padmasambhava, como pacífico guru-raiz no centro, usa diferentes roupas sobrepostas. Por um lado, estas são um sinal de que ele dominou todos os *yanas* budistas e de que pode se manifestar para os discípulos nos âmbitos apropriados para eles. Mas por outro lado, ele também está vestindo roupas imperiais e com isso encarna igualmente as virtudes mundanas do rei universal.

Ele está abastecido com três instrumentos tântricos, que também serviram para subjugar as divindades locais e os demônios do Tibete. Na mão direita ele segura o vajra como sinal de que seu espírito é indestrutível; isso também o identifica como o guru que supera todas as formas e a existência como um todo. Na mão esquerda carrega um crânio, um recipiente cheio de néctar; isso é símbolo de que pode alcançar poder sobre a vida. Apoiado no braço esquerdo está o bastão *khatvanga*, com três pontas chamejantes. As três cabeças espetadas nele são um símbolo das três épocas e das três Buda-kayas, ao passo que as três pontas simbolizam a superação das três paixões radicais. A agressão bem como a ignorância simbolizam o domínio das três energias centrais no corpo psíquico e físico. O bastão khatvanga também é o símbolo secreto de sua parceira sábia Mandarava, através da qual se revela a experiência da felicidade e do vazio.

Mandarava, uma princesa hindu, está ao seu lado direito. Ela foi iniciada nos exercícios secretos do mantrayana por Padmasambhava. Na sua prática conjunta na caverna de Maratika, no Nepal, eles compartilharam uma visão de Amitaya, o Buda da vida eterna, e alcançaram a imortalidade. Nessa representação, Mandarava segura na mão esquerda um vaso da vida longeva e na direita um assim chamado *daddar*. Esse objeto de aparência interessante é um dardo ritual com espelho e fitas de seda de cinco cores. O cabo do dardo é o símbolo da energia vital do indivíduo como princípio ativo do estado original, enquanto o espelho na ponta do dardo representa a natureza abrangente do estado original. Os cordões oscilantes de cinco cores simbolizam o movimento incessante dos cinco elementos, que possibilita a constante renovação do corpo físico.

À esquerda de Padmasambhava também se encontra sua parceira da sabedoria, Yeshe Tsogyal, que aqui segura na mão esquerda um crânio para a sabedoria. Yeshe Tsogyal aqui representa o vínculo mais importante entre Padmasambhava e os praticantes hodiernos, pois somente ela recebeu dele determinadas transmissões e também um papel importante na ocultação dos textos valiosos. É provável que ela represente a mais importante praticante feminina do budismo tibetano, o que o Guru Rinpoche atestou para ela mesma.

O Heruka Guru Dragpo, que aparece em cima à esquerda, de acordo com o texto-Terma *Barche Lamsel* é uma das mais importantes manifestações coléricas do Guru Rinpoche. Ele remove obstáculos externos, internos e secretos no caminho e também elimina outras circunstâncias negativas de vida. Simhamukha, a "dakini com cara de leão" em cima à direita, é outra manifestação do guru Rinpoche. Nessa forma ele ensinou a oração das sete linhas aos panditas budistas em Bodhgaya, para que com sua ajuda pudessem vencer seus desafiantes no debate e as competições de magia. Simhamukha pode dissolver obstáculos kármicos de todo tipo e protege os praticantes especialmente contra ataques psíquicos e energias negativas, que redireciona e faz voltar ao local de sua origem.

Na parte inferior do quadro aparecem três fortes dharmapalas, cercados pelo fogo como expressão de sua elevada energia. Eles também são os principais protetores da doutrina dzogchen. Como na dzogchen o princípio energético feminino representa um papel especialmente importante, a principal protetora aqui é Ekajati, vista no centro. Com um olho só, um dente, um peito e assim por diante ela personifica a unidade de todo ser e a natureza básica não dual da energia original, que não só supera os inimigos da doutrina, mas também o ego através da transformação das cinco paixões. À esquerda, Rahula vence os inimigos da doutrina com arco e flecha. Seu tronco está coberto de olhos, que juntamente com os olhos das suas nove cabeças simboliza sua capacidade de poder ver em todas as direções. À direita, Damchen Dorje Legpa, o "vajra bom", cavalga um leão. Originalmente um guardião Bön, ele foi preso ao dharma por Padmasambhava através de um juramento. Enquanto Ekajati e Rahula servem somente à proteção e concretização da doutrina, Dorje Legpa atua como ajudante nos assuntos mundanos.

Na transmissão dzogchen especial, de acordo com Namkhai Norbu Rinpoche, esse tema do quadro representa a árvore de refúgio de Padmasambhava. Trata-se de uma versão comprimida da busca de refúgio em que, por exemplo, faltam totalmente as linhas; contudo, essa apresentação contém alguns elementos da prática em forma relativamente simples. O guru Rinpoche no centro é o símbolo do refúgio de todos os gurus. Suas duas parceiras de sabedoria representam determinadas formas da prática. Na parte superior do quadro há dois aspectos coléricos da prática como emanações do guru Rinpoche, ao passo que na parte inferior do quadro são representados três protetores principais da escola nyingma, especialmente da doutrina dzogchen.

Aspectos da prática

OM AH HUNG VAJRA GURU PADMA SIDDHI HUNG

Esse mantra é a manifestação de Padmasambhava como som. Quem o recita, está momentaneamente em contato com ele, até que em algum momento, reconhece que o "valioso guru" em última análise vive no seu próprio coração. Um mantra é "aquilo que protege o espírito" e transforma energia, sentimento e percepção. A oração para o guru é a essência da recitação, bem como a união constante com seu espírito de sabedoria que é a essência da prática espiritual.

As doze sílabas do mantra do coração do guru Rinpoche são interpretadas de diversas maneiras: entre outras elas encerram as doze ações de um Buda e purificam os doze membros da formação dependente através dos quais a incerteza e o sofrimento continuam.

OM AH HUNG são as sílabas-semente para o corpo, a fala e o espírito ou o coração de todos os Budas.

VAJRA é o diamante, o símbolo imutável da iluminação.

GURU é o mestre espiritual, cujo "peso" é grande por causa das qualidades de iluminação.

PADMA é o lótus, o símbolo da compaixão, especialmente para o "guru nascido num lótus" da família de Padma, bem como também o símbolo da força da transformação.

SIDDHI designa a concretização comum e, antes de mais nada, a mais elevada concretização da iluminação.

HUNG, aqui, é mais uma vez a repetida sílaba-semente para a concentração do espírito da verdade de todos os Budas.

A recitação do mantra do guru Rinpoche se dirige também às Três Joias e às Três Raízes, bem como a todas as manifestações de Buda. Todos esses aspectos se encarnam na figura do guru-raiz. A partir disso, explicam-se as palavras transmitidas por Jigme Lingpa: "Ter confiança no professor e no mais elevado refúgio." O próprio guru na forma de Padmasambhava é "a união de todos os objetos de refúgio", a encarnação de todos os Budas e Bodhisattvas, cuja bênção reunida recebemos, assim como um beiral de telhado recolhe toda a chuva que cai no telhado.

O refúgio budista afasta o espírito das distrações samsáricas, nas quais como sempre nós procuramos refúgio como distração da insatisfação e do sofrimento. Ele é o primeiro passo no caminho do Dharma-Buda, para afastar os deslumbramentos espirituais e as armadilhas e os antolhos e com isso trazer à luz a consciência original do budismo. De acordo com Patrul Rinpoche não há meio melhor para "interromper a corrente de nossas ações negativas para o futuro". A busca do refúgio é a base de todos os exercícios. Ela é cumprida antes de cada meditação, antes de cada prática ritual; mahamudra e dzogchen baseiam-se na crença e na confiança nas Três Joias. Ela é o ponto de partida da prática, mas quando seu significado profundo é entendido, ela também é a meta da prática, o conhecimento e concretização do Buda em nós.

As Três Joias do refúgio são Buda, dharma e sangha. Buda como imagem diretriz da inspiração espiritual, o ensinamento do dharma para a condução espiritual e a extraordinária união dos praticantes na sangha, para encorajamento no caminho. No Tantra, as Três Raízes do refúgio são acrescentadas, formando respectivamente o aspecto interior das Três Joias: guru, yidam e dakini (representantes dos protetores do dharma). O guru ou lama-raiz encarna a realização da experiência da iluminação; o yidam, a divindade da mandala, leva essa experiência de iluminação no contexto da vida ao mundo e a sua relação com outras criaturas e as formas de aparência exterior; os dharmapalas, dakinis, etc., representam a atividade no mundo. Nesse sentido, o guru é um correspondente para o próprio espírito, o yidam para as emoções e a fala, os dharmapalas para o corpo como instrumento para a execução das quatro atividades da iluminação: pacificação, enriquecimento, atração magnética e destruição.

No plano mais elevado, o refúgio é finalmente a Natureza Vajra, como a realização dos três aspectos inseparáveis da sabedoria original: o dharmakaya como a essência do vazio do espírito, o sambhogakaya como o brilho irradiante do espírito e o nirmanakaya como a compaixão universal do espírito. Depois do fortalecimento do corpo, da fala e do espírito na prática do yoga do guru, o guru visualizado torna-se luz, e seu espírito se funde totalmente com o espírito do praticante. O discípulo então fica na natureza absoluta do seu espírito – um estado da maior simplicidade e naturalidade. No dzogchen isso é chamado de "o descanso no som natural do Vajra". O conhecimento intuitivo da essência do dzogchen assemelha-se ao conhecimento que é a natureza do espírito do mais elevado guru interior.

Quando os pensamentos tornam a surgir, devemos tomar conhecimento da aparição de formas, sons e lembranças como a expressão espontânea do corpo, da fala e do espírito do guru. Todas as formas são a manifestação do seu corpo, como os sons são a manifestação da sua fala, a ressonância natural do mantra de doze sílabas, todos os pensamentos são finalmente o jogo do seu espírito. Ao invés de ser expressão de confusão e ilusão, os pensamentos são um espelho da criatividade e percepção natural consciente e não sabedoria compreensível da natureza essencial do espírito iluminado do guru Rinpoche. Esse espírito é vazio, ele não pode ser localizado e não tem cor nem forma – e, no entanto, é tão claro, que ele pode tomar conhecimento de tudo no samsara e no nirvana e reconhecê-lo.

Padmasambhava praticava os sutras – bem como os ensinamentos do tantra e também recebia as lições especiais de dzogchen, que remontam ao Garab Dorje. Ele é considerado como encarnação humana, como inspiração e espírito do dzogchen. De acordo com uma afirmação de Dudjom Rinpoche, ainda hoje ele é considerado o regente de Vajradhara (na tradição Nyingma chamado de *Orgyen Dorje Chang*) com a tarefa do "mantenedor do conhecimento para a concretização espontânea do caminho mais elevado". No plano mais elevado podemos compreender a natureza do espírito e o significado do dzogchen ou mahamudra por meio de Padmasambhava. O professor externo é o reflexo do nosso professor interior: Aquilo que vemos em Padmasambhava e também em outros gurus, é sua natureza segundo dzogchen – o espírito da sabedoria do professor e o nosso próprio espírito de sabedoria.

Padmasambhava e outras manifestações iluminadas no plano do nirmanakaya, portanto, em um corpo material, dirigem a nossa atenção para a fonte de energia do vajrayana em nossa própria forma de existência. Eles estão em ligação direta com um estado que vai além de espaço e tempo, e que podem tornar acessível para nós por seus ensinamentos e bênçãos. Essa sabedoria se encarna, se mostra onde e sempre que for necessária, especialmente no Kali-Yuga, a fim de atuar na atividade compassiva para o bem de todas as criaturas.

Para os tibetanos, Padmasambhava também é uma figura histórica, mas é muito mais um "símbolo de todas as limitações transcendentes humanas". Especialmente para o praticante do vajrayana, ele encarna ao mesmo tempo Buda, Bodhisattva e o guru-raiz, o mestre de inumeráveis caminhos tântricos, fonte de força e concretização ilimitadas. O mestre Padma é o comutador central da sabedoria na mandala, que transmite a consciência iluminada ao espírito e ao coração dos homens que são sensíveis e estão maduros para ela. De acordo com as palavras de Dilgo Khyentse Rinpoche, um dos mais inspirados contemporâneos do mestre dzogchen, que muitos tomaram pela encarnação de Padmasambhava, ele atende momentaneamente os desejos daqueles que lhe pedem algo – e quanto mais escuro for o tempo, quanto maior a confusão, tanto mais depressa Padmasambhava oferece bênçãos. Como ele fica ativo mais depressa e age com maior força na lida com a negatividade, ele também é visto como o Buda da nossa época. Ninguém apareceu tanto como ele nas visões dos praticantes. O princípio encarnado por ele, o guru arquetípico, está diretamente presente para todos os que recitam a oração das sete linhas dedicada ao guru Rinpoche e desse modo o chamam ao mundo:

> *Quando um discípulo diz a oração e a canção harmoniosa das sete linhas*
> *com dedicação saudosa, eu virei diretamente da minha montanha*
> *paradisíaca cor de cobre, como uma mãe que não pode*
> *resistir ao chamado do seu filho.*
> *Prometo isso.*

VAJRADHARA

*Que eu possa não ficar separado do guru perfeito
e ficar ligado ao precioso dharma em todos os meus nascimentos.
Que eu possa desenvolver todas as qualidades do caminho e das
etapas do Bodhisattva e depressa alcançar o estado do Dorje Chang.*

(Do guru-yoga da linha Kagyü)

A tradição

Vajradhara, "o que segura o cetro de diamante", é um *Adi-Buda,* e com isso a correspondência personificada do próprio dharmakaya sem forma. *Adi* significa "nascido de si mesmo", por isso Vajradhara também é designado como o Buda original. Ele é o Buda do tantra. Isso quer dizer, quando o Buda Shakyamuni colocou a roda do dharma em movimento pela terceira vez e ofereceu os ensinamentos tântricos, ele manifestou-se na forma de Vajradhara. Como o espaço sem início e ilimitado Vajradhara enche e penetra todas as cinco famílias de Budas e, por fim, representa o *Shunyata,* o vazio puro e com isso a origem primordial de todo ser. Às vezes ele se manifesta também como o sexto Dhyani-Buda, por exemplo no *Guhyasamaja-Tantra,* ou no *Sadhanamala,* com o nome de Vajrasattva. Nisso Vajradhara aparece em tom mais azul, Vajrasattva na cor branca, contudo as cores azul e branco nem sempre são estritamente mantidas.

Vajradhara é o Adi-Buda para as novas escolas de tradução sarma do kagyüpa e gelugpa, que surgiram depois da Segunda onda de disseminação do dharma no Tibete a partir do século XI. Para essa tradição ele representa a qualidade perfeita imprescindível do espírito iluminado. Para a nyingmapa, a "Escola dos antigos", o Adi-Buda é Samantabhadra.

Um Buda pode ser visto como figura histórica, como entidade transcendente, e como princípio universal. Já no 1º século de nossa era, no *Lótus-Sutra* a imagem do Buda histórico "humano" é substituída pela visão de um mestre mundial universal, que aparece em todas as épocas para indicar o caminho às criaturas. No século IV as diferentes apresentações são harmonizadas pela *Doutrina-Trikaya* dos "Três corpos" de um Buda. Através da forma material encarnada terrena se manifesta Buda também em matéria sutil como o "corpo da alegria", e o mais elevado princípio no dharmakaya, que como verdade absoluta, é comum a todos os Budas. Este Buda de início é visto como impessoal, mas a partir do século VII ele assume a forma do Buda original – mesmo que numa forma além de toda imaginação e conceito. A personificação do dharmakaya oferece a possibilidade de representar artisticamente o mais elevado princípio de Buda para poder adorá-lo no culto; no entanto, isso também contribuiu para que se desenvolvessem representações de um "Deus da criação" mais elevado e onissapiente, a partir do qual todos os Budas se manifestam nos mais diferentes aspectos.

No budismo tibetano Vajradhara é igualmente o mais elevado Buda, no sentido de que atua para os praticantes como fonte da revelação ilimitada no tempo e no espaço. Ele representa a origem de uma linha de transmissão até hoje ininterrupta e é simultaneamente o elo de ligação com os professores hodiernos e seus alunos, porque cada professor encarna seu ser segundo o Buda Vajradhara original. Ele está no início de muitas tradições espirituais, como por exemplo o *Mahamudra*, e desvendou os ensinamentos do Mahasiddhas diretamente ou através das dakinis da sabedoria. Embora Tilopa, o pai primordial da linha kagyü, também tivesse alguns professores em forma humana, ele sempre se referia ao "Vajradhara onissapiente" como seu verdadeiro mestre espiritual. Um dos maiores yogues tibetanos compôs a seguinte canção sobre este grupo espiritual de famílias:

> *O grande Dorje Chang é minha origem,*
> *o velho sábio Tilo é meu antepassado primordial,*
> *Pandit Naro é meu avô.*
> *Marpa Lotsawa é meu venerado pai,*
> *e eu mesmo sou Milarepa.*

Os elementos do quadro

Como símbolo da pureza original do início bem como da ausência de forma e simplicidade do darmakaya, Vajradhara é apresentado nu – bem como sua companheira de sabedoria. Sua cor azul é interpretada como a cor do céu, da consciência impoluta e o princípio do vazio. Com isso ele encarna a natureza pura e verdadeira de todos os Budas. Sua companheira também é apresentada aqui num azul um pouco mais claro. Ambos trazem as joias do Sambhogakaya como expressão de sua pacífica bem-aventurança.

Vajradhara segura seus dois atributos, o vajra e o sino, nas mãos cruzadas uma sobre a outra, com o que o reconhecemos sem erro em todas as representações. Esse gesto de união revela a extinção de toda dualidade, a fusão de todos os opostos no estado de perfeita iluminação. Vajra e o sino são os dois principais símbolos do budismo tântrico esotérico. O vajra representa os meios hábeis que são introduzidos para alcançar o conhecimento; a sabedoria encerra o conhecimento do samsara e shunyata, e as formas de manifestação bem como suas qualidades de vazio. No gesto de união se reflete também a mais elevada unidade de compaixão e sabedoria, de felicidade e vazio, o que em nossa imagem ainda é ressaltada pela forma *yab/yum*.

O Adi-Buda e sua companheira de sabedoria em yab/yum ou posição de pai/mãe são um símbolo da origem absoluta de todas as manifestações e encarnam o pai e a mãe de todos os Budas. Por meio da extinção dos opostos de masculino e feminino é geralmente fortalecida a energia da divindade masculina por meio da amorosa união com a companheira feminina; isto é, a compaixão e a resultante felicidade são elevadas pela compreensão da sabedoria e do vazio. O casal divino encarna a integração perfeita desses dois princípios e, com isso, também a inseparabilidade de caminho e meta. O conceito sânscrito *yuganaddha*, "par unido", descreve a mais elevada forma do Yoga, a felicidade interior na união dos opostos. Essas apresentações servem, entre outras coisas, como ajuda de concentração para os praticantes em seu exercício, no qual eles têm de unir em si mesmos as suas próprias energias masculina e feminina. A meditação yab/yum, também chamada de a "fusão dos iguais", o praticante pode exercitar quando recebeu o guru-yoga na forma da assim chamada "autorização do espírito", a quarta etapa da iniciação. Na etapa da perfeição sem forma da prática, mahamudra é aquela forma de meditação, na qual a consciência e o vazio aparecem não separados no espírito.

Como no trono de leão do Buda Shakyamuni, os seis elementos do espaldar são representados pelos animais simbólicos dos seis paramitas: começando no alto, no Garuda da liberalidade da disciplina e ética, paciência inabalável, energia heroica, e meditação perfeita até a sabedoria transcendental. Isso também deve representar que mesmo um Adi-Buda como Vajradhara, só pode alcançar o estado de iluminado por meio do desenvolvimento do Bodhichitta e da concretização das ações perfeitas.

OM VAJRADHARA HUNG

Aspectos da prática

O guru é a fonte de toda força tântrica.
O praticante, que vê nele um Buda,
segura a chave da sua realização nas mãos.
Portanto, confie com toda dedicação no guru,
nos pensamentos e ações...

(Tenzin Gyatso, 14º Dalai Lama)

Vajradhara personifica a forma primordial do guru tântrico no vajrayana, e é ao mesmo tempo a encarnação de todos os Budas, Bodhisattvas e divindades de meditação. Sobre o papel do guru se diz nas escrituras: "Sem a ajuda de um capitão experiente nunca ninguém voltou com pedras preciosas de uma ilha de tesouro". No hinayana ele é o mais velho ou o mestre exterior, que dá instrução e faz promessas sobre a libertação individual. No mahayana trata-se do mestre interior ou amigo espiritual, que sustenta o esforço pela iluminação com a motivação do Bodhichitta. No vajrayana o professor personifica, em seu aspecto secreto do dever, o dharma que prometemos praticar até a iluminação; somente por isso ele conquista a força espiritual. Os grandes Bodhisattvas ainda confiam em seus gurus; até Avalokiteshvara traz o Buda Amitabha como joia na coroa da cabeça.

No vajrayana o guru não só ensina o dharma, mas é ele mesmo a raiz de todos os ensinamentos. Ele também é a raiz das bênçãos e do refúgio mais importante, pois é considerado a essência das três joias: Seu espírito é o Buda, sua fala o dharma e o seu corpo o Sangha guru, em tibetano lama, que significa literalmente "mãe mais elevada". O lama da raiz é o mais alto mestre, ele é o significado definitivo do ensino, que mostra o estado natural da grande perfeição. Ele é aquele que transmite diretamente a essência do ensino pelo contato vivo; a centelha da realização interior transborda e possibilita a experiência direta. Num comentário do *sutra prajnaparamita* faz-se a seguinte comparação para demonstração: "Mesmo quando os raios de sol são fortes, não podemos fazer fogo sem uma lente. Também quando mil Budas são repletos de sabedoria, não podemos receber sua sabedoria sem um mestre." A troca entre mestre e discípulo acontece de espírito para espírito ou de coração para coração, motivo pelo qual nos textos muitas vezes se fala em "filho do coração", por exemplo, no relacionamento entre Marpa e Milarepa.

O praticante visualiza o guru na forma do Buda perfeito Vajradhara nos exercícios preparatórios do *ngöndro*, quando ele se refugia e executa as negações. Nele estão presentes todos os mestres dos quais o discípulo recebeu ensinamentos. Vajradhara é senhor de todas as famílias de Budas, e correspondentemente o guru é visto como a personificação de Vajradhara, como alguém que realizou todos os aspectos da sabedoria. O nome Vajradhara, em tibetano *Dorje Chang*, "o que segura o diamante"; significa também que o professor segura a chave da natureza indestrutível do seu espírito para o aluno. Nesse sentido, o "guru-raiz" não é necessariamente o primeiro, mas é aquele professor que introduz o aluno na natureza do seu espírito. Depois das primeiras três partes do *ngöndro*, o preparatório para as práticas mais elevadas, o aluno já está quase preparado para começar com a prática do Mahamudra. Mas ainda falta a *autorização* para a execução dessa prática; esta só pode ser transmitida por um professor que já tenha ele mesmo concretizado a natureza do espírito. O aluno pode deixar surgir em si a mais elevada concretização quando se abre ao quarto e último exercício especial do *ngöndro*, se abre totalmente para a bênção do guru e da sua linha de transmissão. O objetivo do guru-yoga é a fusão com o espírito da verdade do mestre, e a permanência tranquila dentro dela é designada como "o amadurecimento da bênção".

Por meio da dedicação ao guru, a meditação contém mais sentimento, clareza e sensações de felicidade do que a pura meditação sobre o "vazio". De acordo com as palavras de Dilgo Khyentse Rinpoche, no mais elevado plano da prática podemos compreender a natureza do espírito e a visão de mahamudra ou dzogchen através do exercício do guru-yoga. O mestre interior – como o aspecto ativo da nossa natureza de Buda – manifesta-se na forma do mestre exterior quando o nosso karma está suficientemente purificado para isso por orações e exercícios. Isso acontece quando abrimos o coração e o espírito para a verdade encarnada pelo guru para nos unirmos ao guru interior, o nosso próprio espírito da sabedoria.

> *O mestre com as qualidades completas*
> *é a sabedoria e a compaixão de todos os Budas.*
> *Surgido em forma humana para o bem das criaturas,*
> *ele é a fonte original de todos os siddhis.*
>
> (Patrul Rinpoche)

Em geral recebemos instruções de diferentes professores do dharma. Na maioria das vezes, no entanto, é um mestre bem determinado que torna a despertar o conhecimento e nos permite ver a natureza do nosso espírito. Esse lama-raiz não só leva ao estado de conhecimento, mas permite que este amadureça até a realização. No Ocidente de preferência pode-se observar a tendência de uma prática sem mestre. Contudo, os livros nunca podem transmitir um ensinamento vivo. Além disso, eles podem ter para o praticante momentâneo indicações não apropriadas, ao passo que o professor pode recomendar os métodos mais apropriados para a formação individual dos alunos.

A confiança no guru e a dedicação a ele também impedem que o nosso ego crie a versão própria do dharma. Chögyam Trungpa Rinpoche, um professor moderno do dharma com uma compreensão profunda da psique ocidental, vê na prática sem guru não só um puro desperdício de tempo, mas também um aumento potencial de confusão. O conceito "autoautorização" ou "autolibertação", que também se relaciona no contexto dos ensinamentos dzogchen com o estado natural do espírito e a "autolibertação de todos os fenômenos dolorosos na base profunda da consciência", no Ocidente são com muita facilidade entendidos de forma totalmente errada.

Na prática tântrica não é possível nenhuma autorização, nenhuma concretização da prática yidam e com isso nenhum amadurecimento de atividades iluminadas sem a bênção do guru. Na meditação do guru-yoga o praticante se funde através de raios de luz com Vajradhara e desse modo pode tornar-se um no corpo, fala e espírito com o guru, podem surgir nele a confiança inabalável na força e na bênção da linha de transmissão. Com isso não aumenta apenas um relacionamento estreito com o guru, mas também com a sua linha de transmissão. O aluno é aceito simbolicamente nessa corrente interminável de professor e ensinamentos.

No *Longchen Nyingthig Ngöndro*, ao guru-yoga como união com o mestre espiritual não é mais atribuído o exercício preparatório, mas é tomado o verdadeiro caminho, que leva à visão da natureza do próprio espírito e, com isso, à realização da natureza de Buda.

Permita a tua bênção que o meu espírito possa seguir o dharma.
Permita a tua bênção que a minha prática do dharma se torne o caminho.
Permita a tua bênção que o caminho possa esclarecer as confusões.
Permita a tua bênção que a confusão se transforme em sabedoria.

(Os quatro dharmas de Gampopa)

VAJRASATTVA

*Todas as ações negativas e obscurecimentos,
as exigências, que são desfavoráveis para o surgimento
da experiência e realização do vajrayana,
a parte mais elevada do caminho,
são purificadas pela prática profunda do Vajrasattva.*

(Padmasambhava)

A tradição

Vajrasattva, "aquele que possui o diamante como essência do ser", é um Buda no plano do Sambhogakaya e uma emanação do Dhyani-Buda Akshobhya. No Tantra ele é às vezes introduzido adicionalmente como o sexto Dhyani-Buda. Então ele assegura a mais elevada sabedoria e conhecimento sobre a família *Jnana*, da qual provêm todas as restantes famílias de Buda. Nele fluem os princípios das cinco famílias de Budas juntas como suas cores no seu "branco". Como ele sempre segura o vajra e o sino, existe uma estreita ligação com Vajradhara, com quem às vezes ele até é identificado. Ele também é uma encarnação das cem divindades pacíficas e coléricas do bardo, que provieram do Adi-Buda Samantabhadra. Os ensinamentos de dzogchen devem ter passado em transmissão espiritual direta do Samantabhadra para Vajrasattva, que transmitiu ao primeiro professor dzogchen em forma humana, Garab Dorje, a autorização e o ensinou a escrever os tantras de dzogchen.

Principalmente por meio do seu mantra, Vajrasattva é uma manifestação do espírito da sabedoria de todos os Budas das três épocas e dez direções. Seu mantra de cem sílabas, que é recitado como um meio espe-

cialmente forte para a purificação, encerra a essência de todos os Budas e Bodhisattvas; ele contém as sílabas-semente para as cem divindades pacíficas e coléricas da Mandala. Todos os mantras surgiram das cem sílabas e apenas foram ampliados pela adição do nome das divindades momentâneas. Sobre o aparecimento na transmissão tradicional, diz-se que Vajrasattva antes no Reino Puro Akanistha, o mais elevado campo de Buda, pediu um método eficaz ao Adi-Buda Samantabhadra, com o qual os praticantes do vajrayana, que haviam quebrado seus votos tântricos samaya, pudessem remediar esse procedimento outra vez. Em cima disso, o mantra das cem sílabas foi revelado por Samantabhadra como o mais profundo mantra do coração de todos os Budas e Bodhisattvas. Já com 108 recitações desse mantra as violações contra os votos samaya devem ser purificados, de tal modo que a experiência da prática também possa ser concretizada.

Embora esse mantra só existisse como método para alcançar a iluminação numa vida, isso não bastou para Vajrasattva; ele pediu a Samantabhadra uma forma especial de uma divindade de meditação, para que todos os praticantes do dharma não dependessem apenas de si mesmos na purificação do seu karma e renovação dos votos samaya e também no bardo e na vida seguinte estivessem sob a proteção de Samantabhadra. Muitos yogues e yoguines apoiaram Vajrasattva em seu pedido, e assim Samantabhadra transmitiu para eles o mantra das cem sílabas junto com Vajrasattva como divindade da meditação. Como Vajrasattva também prometeu não abandonar samsara e atuar para o bem de todas as criaturas depois da sua iluminação, ele manifestou o seguinte desejo: "Quando eu for um Buda perfeitamente realizado, possam todas as criaturas ser limpas dos seus obscurecimentos mentais, da sua ignorância e das suas ações negativas apenas por ouvirem meu nome, virem minha figura, pensarem em mim ou recitarem o mantra que contém o meu nome".

A prática de Vajrasattva é definida como um dos mais elevados e abrangentes métodos do vajrayana. Nas formas mais elevadas do Tantra ele também aparece frequentemente como divindade yidam em apresentação yab/yum. No início do *Hevajra-Tantra* o seu nome é definido da seguinte maneira: *Vajra* significa "inseparável" e *Sattva* representa a unidade das três formas de existência, que estão ligadas entre si pela sabedoria ininterrupta. As três formas de existência se referem ao corpo, à fala e ao espírito. Quando os cinco Skandhas como sinais psicofísicos da personalidade comum são transformados nas cinco sabedorias, elas são unidas na luz clara. No *Kalachakra-Tantra* Vajrasattva é designado como o conhecimento da mais elevada e imutável bem-aventurança.

Os elementos do quadro

O corpo de Vajrasattva brilha no mais puro branco, "como a luz de cem Luas cheias refletida sobre uma geleira". No enfeite do Sambhogakaya, os oito ornamentos pacíficos e os cinco trajes de seda, ele se senta sobre uma fatia branca da Lua sobre um lótus totalmente desabrochado de mil pétalas. Sua filiação à família vajra do Buda Akshobhya não é mostrada apenas pela cor branca da sua pele, mas também pelo vajra dourado que ele segura com a mão direita junto ao coração. O vajra é um símbolo da natureza insubornável e inabalável do espírito. Com a mão esquerda ele segura um sino prateado na altura do seu quadril – como prova do seu juramento de não abandonar samsara por compaixão, e de acordo com Chögyam Trungpa também uma postura que indica "a qualidade atraente do dharma". Tradicionalmente, vajra e sino simbolizam método e sabedoria, ou em outras palavras, felicidade e vazio. Como ambas as mãos se cruzam com vajra e sino, ele se torna Adi-Buda Vajradhara.

O Vajrasattva tem uma irradiação especialmente suave e totalmente pacífica. Ele transmite exatamente aquela pureza que o praticante deve interiorizar e desenvolver nesse exercício. Ele encarna visivelmente a falta de compromisso do espírito desperto, que se manifesta na energia pacífica e que elimina todos os véus espirituais e impurezas causados por infrações kármicas. Especialmente são limpos e renovados todos os votos samaya rompidos ou danificados, pois Vajrasattva representa o princípio do dever assumido no caminho espiritual e diante do guru.

Aspectos da prática

OM VAJRASATTVA [BENZA SATO] SAMAYA. MA NU PA LAYA.
VAJRASATTVA [BENZA SATO] TE NO PA. TI TA DRI TO ME BA WA.
SU TO KYA JO ME BA WA. SU PO KYA JO ME BA WA.
ANU RAG TO ME BA WA. SARWA SIDDHI MEM TRAYATSA.
SARWA KARMA SU TSA ME. TSI TANG SHRI YA
GURU HUNG. HA HA HA HA HO BHAGAVAN.
SARWA TATHA GATA VAJRA [BENZA] MA ME MUN TSA
VAJRA [BENZA] BAWA MAHA SAMAYA SATTVA [SATO] AH

O mantra das cem sílabas, o tesouro da prática Vajrasattva, pode ser traduzido como segue: "OM no juramento de Vajrasattva, concede-me tua proteção e cuida de mim. Possa a entidade Vajra me conceder sempre a sua proximidade. Torna-me forte e imutável. Permite que todas as virtudes amadureçam em mim na sua perfeição. Ajuda-me a continuar no caminho espiritual até ao término. Mostra-te sempre com intensa dedicação. Concede-me todas as fortes realizações. Possa o meu espírito receber todas as virtudes. Guru HUNG Ha Ha Ha Ha Ho Bhagavan: Tu na figura de todos os Tathagatas – possa o meu espírito tornar-se o espírito de Vajra e desistir dos pensamentos no eu. Possa eu manter o profundo juramento Maha Samaya de modo perfeito, AH".

A forma reduzida e essência desse famoso mantra é:

OM VAJRASATTVA HUNG [OM BENZA SATO HUNG].

O mantra das cem sílabas é recitado mil vezes no contexto do *ngöndro*. Ele serve à purificação do karma negativo, especialmente do aspecto da fala. Como *ngöndro* são designados os exercícios básicos, que servem de preparatório para mahamudra ou outras formas elevadas da prática do conhecimento direto da natureza do próprio espírito. Esse preparatório é basicamente necessário para os exercícios mais elevados, como um alicerce sobre o qual se constrói uma casa, ou como a aradura do solo quando se quer plantar.

O *ngöndro* consiste de quatro exercícios, os "quatro juramentos, que controlam o espírito no dharma", e quatro exercícios interiores especiais. A prática Vajrasattva é o segundo dos quatro exercícios especiais. Depois do primeiro exercício, a busca de refúgio em ligação com a união e o despertar da purificação iluminada, serve à prática do Vajrasattva com o mantra das cem sílabas da purificação das ações negativas do corpo, da fala e do espírito. Com os dois exercícios contíguos do *ngöndro*, sacrifício da mandala e guru-yoga são cultivados os aspectos positivos do espírito e colecionados méritos para poder desenvolver a verdadeira dedicação. Como o exercício vajrasattva serve em geral para a dissolução do karma negativo, também podemos começar com essa prática de purificação; recomendo isso especialmente quando surgem muitos problemas causados por véus espirituais e com isso problemas de visão impura na técnica da visualização.

O *ngöndro* ajuda-nos na muitas vezes difícil tarefa de nos desapegarmos aos poucos de ideias e hábitos arraigados e treinarmos a concentração do nosso espírito. O nosso karma e tudo o que resulta dele, não acontece fora de nós e também não se trata de acaso, mas de muito mais: cresce e amadurece na proporção das ações e também dos pensamentos que nós mesmos plantamos na nossa consciência em vidas passadas. Para clarear essas camadas subconscientes ou também inconscientes, no budismo tibetano por assim dizer existem "métodos de psicologia profunda" para a transformação do espírito, para limpá-lo de impressões negativas e formações repletas de sofrimento. Nas escrituras se diz: "A única virtude do pecado consiste no fato de ele poder ser purificado." Para isso a prática do Vajrasattva é um dos exercícios mais eficazes.

Os processos de purificação precisam ser acompanhados pelos praticantes com as "quatro forças". A primeira força, da *proteção*, refere-se à confissão das ações impróprias, à busca de refúgio no Vajrasattva, e ao despertar Bodhichitta. Ao confiar no Vajrasattva e por meio da sua visualização o praticante encontra apoio. O Vajrasattva é visualizado em geral na sílaba-semente HUNG e como encarnação do refúgio na figura do guru-raiz na própria cabeça. A segunda força, a do *remorso*, é a confissão do próprio comportamento negativo e o pesar sincero por isso. De acordo com as palavras do grande mestre tibetano Kalu Rinpoche, o remorso diferentemente dos meros sentimentos de culpa é uma motivação positiva de não só reconhecer os próprios erros, mas também de fato trabalhar com eles. A terceira força, o *propósito*, refere-se à firme decisão de desistir de qualquer forma de comportamento negativo para sempre. Finalmente, como quarta força é introduzida a ação do *antídoto*, que consiste em juntar méritos, e usar os métodos para a purificação do espírito, especialmente a meditação sobre Vajrasattva e a recitação do seu mantra.

Recomenda-se especialmente não recitar o mantra das cem sílabas com vistas ao assim chamado "círculo de efeito dos três". Este habitualmente encerra um sujeito, um objeto e uma ação, ou seja, um instrumento de ligação entre eles. No nosso contexto, o sujeito, isto é, aquele que purifica, é o próprio praticante, o objeto são os obscurecimentos espirituais, que temos de purificar; e a ação, o instrumento para essa purificação, o mantra. Se não levarmos esses componentes em consideração, mas os virmos como "vazio", entra em ação o princípio da "tripla purificação". Isso permite o surgimento de uma total abertura do espaço e aprofunda a experiência do vazio de todas as manifestações – inclusive do "eu".

Enquanto o praticante recita o mantra das cem sílabas, jorra pelo ponto da coroa de sua cabeça o néctar purificador da sabedoria do coração de Vajrasattva para dentro dele e lhe transmite a bênção do corpo, fala e espírito. Quando o praticante se funde com ele, todas as manifestações, sons e pensamentos se transformam na pura expressão da sabedoria do Vajrasattva. O mundo exterior torna-se um campo de Buda e todas as criaturas contidas nele são uma manifestação de Vajrasattva, todo som é uma ressonância do seu mantra e todos os pensamentos são a expressão espontânea de felicidade/vazio.

Nos ensinamentos de dzogchen diz-se que a sabedoria e o conhecimento de Vajrasattva surgem dele mesmo e não precisam ser procurados; contudo, no *Longchen Nyingthig Ngöndro*, o exercício preparatório especial para dzogchen, enfatiza-se a importância da purificação de ações nocivas e impedimentos espirituais, pois pode surgir a reflexão sobre entendimento e sabedoria no "espelho da base inicial primordial" [o espírito] e a prática Vajrasattva é o meio mais eficaz para isso.

*Se também encarnarem as cinco formas de sabedoria transcendental,
os exercícios, que são chamados dharani,
mantra, mudra, stupa e mandala se acumulam,
mas valem menos do que uma única recitação do mantra das cem sílabas.
Por isso se diz que quem sempre recita o mantra das cem sílabas
junta méritos iguais às joias de todos os Budas,
que são incontáveis como as partículas de pó.*

(Jamgon Kongtrul Lodrö Thaye)

O *AVALOKITESHVARA* DE MIL BRAÇOS

Teus mil braços encarnam os mil imperadores do mundo.
Teus mil olhos simbolizam o Buda da era feliz.
Tu que trazes iluminação a cada ser vivo por teus meios hábeis,
diante de ti, Chenresi, eu me inclino.

(Oração ao Chenresi de mil braços)

A tradição

Avalokiteshvara, em tibetano *Chenresi*, "que observa as criaturas de cima com total compaixão", é o patrono tibetano de proteção e, ao lado de Tara, a divindade mais popular. Desde os primórdios do tempo ele atua para o bem das criaturas sensíveis em todos os seis âmbitos da existência. Ele é considerado uma emanação de Amitabha, o Buda da família Padma, cuja cabeça na nossa representação pode ser reconhecida como a mais alta das onze cabeças.

Muitas histórias existem sobre a sua origem e uma delas vamos contar aqui. A compaixão que Amitabha sentia, quando via o sofrimento do mundo, tem sua encarnação no Avalokiteshvara, que se manifestou numa pequena ilha no centro de Lhasa; ele deve ter surgido de uma lágrima de Amitabha ou de um raio de luz do seu olho direito. Quando Avalokiteshvara viu o sofrimento das criaturas ao seu redor, ele prometeu diante de Amitabha só abandonar a circulação de samsara quando tivesse levado todas as criaturas à libertação. Se não conseguisse fazer isso, sua cabeça deveria ser cortada em dez partes e seu corpo em mil pedaços. Em seguida, ele enviou seis raios de luz dos quais surgiam inú-

meras emanações, as quais buscavam aliviar os sofrimentos nos seis planos de existência.

Quando parou depois de muito tempo, para ver quantas criaturas ainda não haviam sido libertas, o seu objetivo parecia não ter diminuído. Então se desesperou quanto ao cumprimento da sua promessa, e sua cabeça partiu-se em dez partes e o seu corpo em mil pedaços. O Buda Amitabha juntou sua cabeça em dez novos rostos e lhe deu a sua própria cabeça como décima primeira. Das partes do corpo ele criou uma nova forma e a dotou de mil braços, nas quais cada palma continha um olho. Com seus olhos Avalokiteshvara pode ver em todas as direções, e seus muitos olhos lhe dão a capacidade de tratar correspondentemente de cada situação para o bem das criaturas. Desde então ele é considerado um Mahabodhisattva transcendente ou também um Buda da compaixão.

De acordo com a tradição, diante da visão de todo sofrimento, ele teria derramado duas lágrimas, que se transformaram na Tara Verde e na Tara Branca. Ambas ficaram desde então a seu lado. Também Vajrapani ofereceu-lhe ajuda em sua forma colérica como "Senhor da Energia", o que intensificou ainda mais o seu poder.

Tanto a veneração do Avalokiteshvara bem como a recitação do muito conhecido Mantra OM MANI PADME HUNG são contadas entre as mais antigas práticas do budismo tibetano. A maioria dos Bodhisattvas transcendentes aparece como acompanhante dos Budas; apenas uns poucos, como Avalokiteshvara, detinham um culto próprio. Para sua disseminação contribuiu especialmente Atisha no século XI, que numa versão especial colocou o Avalokiteshvara na posição de divindade central do *Tantra Guhyasamaja*. Todos os professores tibetanos prefeririam designá-lo como Buda do que como Bodhisattva; e ele é um yidam importante. Seu mantra, a "deusa das seis sílabas", é continuamente recitado em todo o Tibete; numerosos moinhos de oração estão repletos com milhões dos seus mantras e enviam sua energia em todas as direções, para levar felicidade e paz a todas as criaturas. Como patrono de proteção do Tibete, o Grande Compassivo é associado aos mais significativos acontecimentos e personalidades. Ele encarnou-se em diversas irradiações, como no rei Songsten Gampo e Padmasambhava, no Karmapa e no Dalai Lama; *Potala*, seu paraíso nas montanhas nevadas, deu seu nome ao palácio do Dalai Lama no Tibete.

A visualização do Chenresi de mil braços representa um importante papel na popular prática do jejum *Nyungne*, que foi criada pela monja Lakshmi – no Tibete conhecida como Palmo – no noroeste da Índia. Originalmente uma princesa na Caxemira, ela foi ordenada cedo, mas contraiu lepra. Em seguida foi banida do mosteiro e escondeu-se numa caverna para morrer. Com suas últimas forças ela invocou Avalokiteshvara, que lhe apareceu numa forma branca brilhante com seus mil braços. Ela recitou o seu mantra e jejuou a cada dois dias até ser curada pela sua bênção.

A prática desenvolvida pela própria experiência de Gelongma Palmo reúne métodos de todos os três yanas budistas. Ela serve para limpar impregnações negativas, para acumular méritos e desenvolver compaixão ilimitada. Esse exercício de jejum e limpeza é praticado até hoje em todo o Himalaia e em toda parte onde o budismo tibetano se espalhou, tanto por pessoas ordenadas como por leigos.

A oração de Gelongma Palmo recitada no Sadhana Chenresi expressa a compreensão de sua encarnação de amor e compaixão como uma fonte abrangente de refúgio.

Lama Chenresi, eu te peço;
Yidam Chenresi, eu te peço;
perfeito, nobre Chenresi, eu te peço;
protetor Chenresi, eu te peço;
senhor do amor, Chenresi, eu te peço;
Buda da grande compaixão,
encerre-me fortemente na tua misericórdia!
Desde o tempo sem começo as
criaturas viajaram no Samsara
sendo expostas a sofrimento insuportável.
Elas não têm outro refúgio a não ser em ti.
Por favor, conceda tuas bênçãos, que alcancem o
estado onisciente de Buda.

Os elementos do quadro

Avalokiteshvara é representado como divindade protetora especial do Tibete com uma enorme riqueza de formas. A representação apresentada mostra-o em uma figura de onze cabeças e mil braços, cuja origem já foi descrita.

Com suas onze cabeças ele pode olhar para todas as direções. As primeiras nove cabeças são classificadas em grupos de três nas cores branco, vermelho e verde. O branco representa a paz, o vermelho o amor e o poder, o verde representa a atividade. A décima cabeça é azul-escura; em sua expressão um pouco feroz ela representa desde a raiva até a recusa de forças malévolas e impedimentos. A décima primeira cabeça superior é a cabeça de Amitabha e representa a família Padma da compaixão.

Avalokiteshvara tem mil braços e em cada palma um olho. Isso simboliza a união de sabedoria e compaixão, pois dessa maneira ele pode ver tudo e fazer aquilo que for necessário. Oito dos seus braços e mãos são representados detalhadamente e de cada vez simbolizam uma das suas qualidades; os restantes 992 braços no gesto da concessão dos desejos, são apresentados na forma de um lótus de mil folhas dispostas como uma auréola e representam os meios ilimitados com que ele, por compaixão, pode libertar todas as criaturas de seus sofrimentos e necessidades. Seus dois braços principais estão cruzados sobre o coração, o que simboliza a união da sabedoria e o método. Eles seguram uma joia que realiza os desejos, visto que ele quer realizar os desejos das criaturas; ela também simboliza o seu pedido a todos os Budas, para que fiquem e ajudem as criaturas. A mão direita inferior mostra o gesto da concessão dos desejos e a transmissão do conhecimento. Com o arco e flecha, que segura na sua mão esquerda inferior, ele rompeu a ignorância e ajudou o conhecimento. A mão direita do meio segura uma Roda do Dharma como símbolo da doutrina de Buda. A jarra kundika na mão esquerda do meio representa a transformação purificadora. As contas de cristal na mão direita de cima são um símbolo de pureza, que surge da recitação do mantra e da corrente ininterrupta de compaixão, com a qual ele retira as criaturas do samsara. A mão esquerda superior segura finalmente um lótus como emblema do Bodhichitta relativo e das virtudes do Bodhisattva. Como essa flor, que cresce no pântano, mas se abre na superfície da água como flor sem mácula, o espírito iluminado também se desdobra em meio à existência mundana normal, sem se manchar. Assim o lótus é um símbolo de pureza como também de libertação do samsara.

A figura onipresente do *Chenresi Namkhai Gyalpo*, o "Rei do Espaço", como ele é chamado nessa forma, também nesta thangka preenche quase todo o espaço. Além dele, e representado em cima à direita, somente o Buda Shakyamuni como fonte de compaixão e objetivo da iluminação.

Aspectos da prática

*Todas as criaturas senscientes e eu
estamos originalmente despertas.
Como sei disso,
eu me dedico à mais elevada perfeição.*

(Longchenpa)

Estas linhas da mais famosa oração de refúgio do grande Mestre dzogchen do século XIV, que encerram simultaneamente um voto Bodhisattva, consideram como dada a existência de uma natureza espiritual básica em cada criatura sensciente. Um dos pensamentos centrais do budismo mahayana é despertar *Bodhichitta*, esse "espírito de iluminação", que também percorre todo o vajrayana. O ideal e objetivo desse caminho é o *Bodhisattva*, "uma criatura de iluminação", que pelo exercício das *Paramitas*, as ações perfeitas, esforça-se por tornar-se um Buda, mas renuncia ao Nirvana enquanto todas as outras criaturas também não estiverem livres. Ele prometeu ajudar ativamente os outros, e está disposto a tomar seus sofrimentos para si e transmitir-lhes seu mérito kármico. A característica que determina sua ação é de profundo conhecimento e sabedoria sustentada pela compaixão.

São diferenciados dois tipos de Bodhichitta: *Bodhichitta relativo* significa a intenção e o esforço de treinar o espírito para fazer o bem aos outros e poder agir realmente de modo altruísta, pois essa motivação altruísta é um componente central da prática do Dharma. Busca-se a própria iluminação para conduzir todos os seres senscientes à libertação. *Bodhichitta absoluto* é o conhecimento do vazio de todas as manifestações, da verdadeira natureza da realidade sobre a qual se baseia essa ação, a expressão direta da descoberta do próprio despertar.

Bodhichitta, o "espírito da iluminação", em tibetano se diz *chang-chub sem*. Com *sem* aqui nos referimos à "natureza do espírito" como base; *chang* significa "purificado" de todas as perturbações e impedimentos, e *chub*, que todas as qualidades e objetivos foram "concretizados". Os ensinamentos dzogchen partem de que a "essência do Bodhichitta primordial" sempre existiu, livre de impedimentos e é perfeita e se manifesta em todas as formas de energia. A base do espírito é vista sob três aspectos: a essência como vazio, a natureza como clareza e a energia como manifestação. Para poder reconhecer a manifestação do vazio e a clareza, precisamos eliminar os impedimentos e limpar o espelho.

O trabalho, portanto, é a prática do dharma. O grande mestre Rime Jamyang Khyentse Wangpo compara Bodhichitta com a "nata, que ao transformar o leite em manteiga faz surgir o verdadeiro dharma". Essa prática começa com a busca do refúgio que também encerra o voto Bodhisattva. De acordo com a motivação da "renúncia", o que neste contexto significa desistir conscientemente do desejo profundo de libertação dos sofrimentos e de tendências espirituais indesejáveis, é desenvolvido o Bodhisattva relativo. A ação do Bodhisattva por um lado desenvolve-se numa compreensão teórica da observação (visão) e do caminho e, por outro, da experiência concreta através da prática das paramitas, por meio da qual a compreensão recebe a base prática bem como a necessária certeza. As seis paramitas são liberalidade e atitude liberal na vida; disciplina e comportamento ético diante dos outros; paciência diante das dificuldades; persistência e energia alegre para o exercício; meditação como ensinamento da paz de espírito; e o desenvolvimento de profunda visão e sabedoria libertadora.

Compaixão e amor universal como características do espírito da iluminação encerram o desejo de que todas as criaturas possam ser libertadas de todo tipo de sofrimentos. Bodhichitta, o empenho por esse ideal, é encarnado totalmente por Avalokiteshvara. Através da ação do Buda Amitabha e das divindades da família Padma, entre as quais Avalokiteshvara por certo é a mais importante, a energia deslumbrante do desejo e o apego à sabedoria decisiva e a qualidade de bondade amorosa são transformadas em compaixão. Pela prática Sadhana de Avalokiteshvara o mundo exterior assume a forma de manifestação de *dewachen*, o paraíso do Buda Amitabha: corpo, fala e espírito de todas as criaturas são formas de expressão dele. Todos os tons são o som do seu mantra, todos os pensamentos não se distinguem mais do seu espírito e são expressão da sua sabedoria de ilimitada compaixão.

A compaixão pode se construir em qualquer lugar e ser somente uma sensação passageira. A verdadeira compaixão, não artificial, só pode surgir quando a própria situação – e com isso também a das outras criaturas – realmente é entendida. No entanto, precisamos reuni-las em algum lugar, mesmo quando esses exercícios como *lojong*, "o treinamento do espírito em sete pontos", e especialmente a meditação associada do *tonglen*, muitas vezes não são, de início, mais do que uma "prática de como se". Na primeira parte desse treinamento do espírito nós trabalhamos com desapegos, para mudar a nossa posição egocêntrica. Na segunda parte desta instrução, o *tonglen*, praticamos o dar e receber, à medida que inspiramos o sofrimento e liberamos alegria na expiração. Exatamente a prática *tonglen* do enviar e receber, em que se trata de se colocar na posição do outro, de trocar a própria felicidade pelo sofrimento dos outros, na maioria das vezes só pode se enraizar em nós muito devagar. Através dessa prática, a compreensão e a força de motivação do Bodhichitta e as promessas do Bodhisattva podem ser extraordinariamente intensificadas.

Do ponto de vista do vazio de todos os fenômenos em ligação com a dedicação sincera, finalmente pode-se despertar a compaixão genuína, no sentido que o mestre dzogchen Nyoshul Khen Rinpoche descreveu: "Assim que se conhece o verdadeiro significado do vazio, surge sem qualquer esforço a compaixão espontânea por todas as criaturas que ainda não o conheceram." O conhecimento do vazio de todos os fenômenos, do qual cresce a verdadeira compaixão, deixa o Bodhichitta relativo amadurecer para a definitiva libertação da descoberta desperta.

De acordo com Kalu Rinpoche, a prática do Chenresi bem como da Tara Verde segundo os sutras mahayana já foram recomendadas pelo Buda Shakyamuni, motivo pelo qual não há necessidade de nenhuma iniciação especial para praticá-las. Para a superação dos conflitos mentais e perturbações emocionais profundamente arraigadas, é muito preservado o desenvolvimento de Bodhichitta e a ação apropriada ao Bodhisattva das seis paramitas em ligação com a prática Chenresi. O praticante recebe também grande apoio para o conhecimento da verdadeira natureza do seu espírito.

Indubitavelmente, o famoso mantra OM MANI PADME HUNG praticado em toda parte do Tibete, é o cerne da prática Chenresi. Para citar mais uma vez Kalu Rinpoche, já se inicia um processo com a mera audição do mantra de seis sílabas, que levará ao budado – se não for na atual, então na próxima existência. Enquanto o praticante recita o mantra na sadhana Chenresi, ele pode trabalhar com a visualização e, por exemplo, imaginar como Chenresi irradia luz do seu corpo radiante, com o que todo o universo se transforma num país puro. Além disso, durante a recitação do mantra ele pode despertar em si uma compaixão abrangente por todas as criaturas ou também simplesmente deixar seu espírito descansar na própria essência, sem diferenciar entre sujeito, objeto e ação. Através disso o seu espírito pode se descontrair totalmente no seu estado natural e alcançar calma e paz profundas. No exercício organizado de acordo com a experiência esse mantra se introduz tão profundamente na corrente do espírito do praticante, que também fora das sessões de meditação, por exemplo, quando anda, dirige o carro, pensa e fala ele pode continuar a recitá-lo silenciosamente; ou seja, na verdade é o mantra que se recita por si mesmo.

Na história da vida de Padmasambhava, escrita por Yeshe Tsogyal, este explica o significado das seis sílabas isoladas e sua ligação com os seis âmbitos da existência, o que é mostrado no último motivo do quadro:

OM irradia luz branca no mundo dos deuses e alivia o sofrimento da queda no renascimento. O orgulho é transformado em estabilidade espiritual por meio da paramita da meditação.
MA irradia luz verde no mundo do Asura e alivia os sofrimentos da luta contínua. A inveja e o ciúme são transformados em paciência.

NI irradia luz amarela no mundo dos homens e alivia os sofrimentos da dependência e pobreza. A incerteza é transformada em comportamento ético através da paramita da disciplina.
PAD irradia luz azul-celeste no reino dos animais e alivia o sofrimento da limitação. A tolice é transformada em energia alegre.
ME irradia luz vermelha e alivia o sofrimento da fome e da sede dos Pretas. Cobiça e frustração não satisfeita são transformadas em liberalidade.
HUNG irradia luz azul-escura e alivia os sofrimentos do calor e do frio nos mundos infernais. O ódio e a agressão são transformados em sabedoria.

Resumindo: Padmasambhava designa esse mantra como a "quintessência do espírito do nobre Avalokiteshvara, que incessantemente vela cheio de compaixão sobre os seis grupos de criaturas".

Se você quer alcançar a iluminação, não pratique as muitas virtudes, mas apenas uma. Que virtude é essa? A compaixão. Uma pessoa com grande compaixão terá todas as características iluminadas, como se elas estivessem diretamente na palma das suas mãos.

(Do sutra do Lótus sobre a concretização do Avalokiteshvara)

A TARA VERDE

> *Pela magia da compaixão de Lokeshvara*
> *surgem a sabedoria, o amor e a força*
> *de todos os Budas das três épocas*
> *na forma amorosa da deusa da ação,*
> *que nos livra de todos os desejos –*
> *eu me inclino aos pés de Tara.*
>
> (Gendün Drub, o primeiro Dalai Lama)

A tradição

A Tara Verde não foi só uma deusa da meditação preferida do primeiro Dalai Lama, ao qual ela teria aparecido durante uma clausura de meditação. Entre seus brilhantes adoradores já estavam antes Nagarjuna, ao qual com todo rigor filosófico temos de agradecer uma descrição bastante florida dela como "a eterna menina de 16 anos". Atisha Dipankara, que introduziu no Tibete sua adoração e prática, teria adquirido sua vocação religiosa por meio de uma visão de Tara. Jonang Taranatha, cujo nome significa "filho de Tara", estabeleceu rigorosamente a sua prática no Tibete e na Mongólia, seguiu as origens do Tantra-Tara e colecionou em seu texto "A Corrente Dourada de Orações" numerosas histórias sobre ela.

Em Taranatha também ficamos sabendo que numa era muito antiga, em que havia surgido o buda Turya, vivia a filha de um rei chamada Jnana Chandra. Essa princesa, "lua da sabedoria", praticava o dharma cheia de confiança e dedicação, e finalmente ela despertou Bodhichitta. A partir disso alguns monges lhe diziam que em virtude das raízes de suas

ações virtuosas ela nascera na sua forma feminina, mas que no futuro com certeza renasceria num corpo masculino pelos seus merecimentos, de acordo com os ensinamentos. A princesa então não podia reconhecer qualquer sabedoria, visto que, como ela argumentava, na realidade não existia nenhum "si mesmo" nem a ideia de "feminino" ou "masculino" e que só cabeçudos mundanos poderiam ter essa ideia. E ela prometeu que a partir dali só surgiria e agiria em forma feminina para o bem de todas as criaturas. Ela praticou por tanto tempo, que alcançou a libertação e recebeu o nome *Arya Tara*, a "grande salvadora". Então ela jurou diante do Buda Amoghasiddhi que, a partir de então, agiria para a proteção de todas as criaturas senscientes e para libertá-las do mar do sofrimento. Ela tornou-se a encarnação dos aspectos ativos e energéticos da compaixão.

O presente especial de Tara ao mundo já soa no seu nome: em sua raiz está contido "salvar" ou "libertar", especialmente a inter-relação com a imagem "atravessar o mar", mas também "estrela" [espalhada no céu como estrelas]. Assim, Tara não só é a sabedoria salvadora e libertadora, mas também a estrela-guia. Em suas próprias palavras, resume-se isso tudo da seguinte maneira:

Eu as guiarei (criaturas) através do rio caudaloso dos múltiplos horrores.
Por isso os grandes videntes deste mundo me louvam como a Tara.

Em sua função de "Salvadora dos oito grandes perigos", que afasta qualquer medo e atende todos os desejos e orações, ela pôde ser aquela figura no panteão tibetano, a quem se atribuiu mais ações maravilhosas. Enquanto isso, seu animal de montaria é um pavão, pois ela conhece venenos e sabe como se podem transformar perigos. Como protetora e guia dos viajantes, comerciantes e peregrinos ela não só nos dá proteção concreta, mas também espiritual, como documentam muitas histórias e lendas.

Arya Tara é a protetora do Tibete e também a mais venerada elevada divindade feminina. É considerada geralmente como a mais importante buda feminina, o aspecto mundano da união de compaixão e sabedoria de todos Bodhisattvas, especialmente de Avalokiteshvara, tendo sido representada como sua parceira de sabedoria em séculos passados e ao mesmo tempo como mãe de todos os budas, tendo ajudado a fazer nascer os pensamentos de iluminação. De acordo com o Tantra, ela é a manifestação do elemento Ar em sua forma pura como movimento que surge da energia.

Os elementos do quadro

Sentada num lótus, que significa a concretização do vazio,
(tu és) a deusa cor de esmeralda, com um rosto e dois braços,
em pleno viço juvenil, com a perna direita esticada, a esquerda encolhida,
com o que tu queres mostrar a unidade da sabedoria e do método hábil –
venerada sejas!

Como um galho esticado da árvore celestial cor de turquesa
a tua macia mão direita faz o gesto da concessão dos desejos
e convida os sábios para uma festa da concretização superior
como se fosse um puro prazer –
venerada sejas!

Tua mão esquerda concede o refúgio e nos mostra as Três Joias;
E nos diz: "Vós, criaturas, vede os cem perigos,
não tenhais medo – em passos rápidos eu vos salvarei!"
Venerada sejas!

(Gendün Drub, o primeiro Dalai Lama)

Os versos acima, tirados de uma visão interior do hino de Tara do primeiro Dalai Lama, citado no início, aqui devem servir de introdução à descrição do quadro.

A deusa Tara aparece em numerosas manifestações, e em sua maioria ela tem a cor verde. *Shyamatara* significa literalmente "Tara escura", mas esse escuro sempre é apresentado como verde. Essa é uma expressão da sua atividade repleta de força, que consegue concretizar tudo. Ela pertence à família Karma do buda Amoghasiddhi, que transforma o veneno da inveja em sabedoria que aperfeiçoa tudo. Por meio da cor verde ela pode ao mesmo tempo ser caracterizada como apropriadamente colérica, para rapidamente salvar dos perigos e poder superar as forças negativas. Essa cor simboliza também que ela encarna em si a atividade compassiva de todos os budas.

A perna direita de Tara está esticada na assim chamada postura de jogo. Por assim dizer, ela "está prestes a saltar" e pronta para levantar-se imediatamente, para atender depressa o pedido daqueles que a procurarem pedindo ajuda. Por isso também é chamada de a "Rápida libertadora". A perna esquerda está na postura de meditação puxada para o corpo, no que se expressa também o desapego às prisões mundanas.

Sua mão direita faz o gesto da concessão dos desejos, pois sua sabedoria manifesta-se na perfeição da doação. Com a mão esquerda, que segura um lótus *Utpala*, ela oferece proteção e refúgio, seus três dedos erguidos representam simbolicamente os três objetos do refúgio – Buda, dharma e sangha. O lótus é um símbolo da sua compaixão e de que nela se encarnam também algumas qualidades virtuosas e iluminadas que transmitem suas bênçãos.

Em cima à esquerda, Buda Amitabha, o pai da família Padma da compaixão ativa. De acordo com uma lenda, a Tara Verde e a Tara Branca devem ter surgido de um raio de luz dos olhos de Amitabha. Como yidam, Tara – assim como Avalokiteshvara – é uma forma sambhogakaya de Amitabha. Como Tara é invocada pelos praticantes para tirar os empecilhos da sua vida, muitas vezes Amitabha também aparece como uma joia da coroa de Tara, porque em seu aspecto como Amitabha ele encarna a imortalidade.

Aspectos da prática

OM, prostro-me diante da libertadora,
da nobre abençoada mãe.
Honras com TARE a heroína rápida
que elimina todo o terror com TUTTARE,
a salvadora, que com TURE concede todos os objetivos.
Diante de SVAHA e das outras sílabas eu me inclino.

Atisha deve ter recebido essa oração de Tara. Ela contém a essência de todas as 21 glorificações a Tara e, com isso, o mantra de dez sílabas OM TARE TUTTARE TURE SVAHA – até hoje o cerne da prática de Tara. Os 21 famosos cantos em louvor a Tara, que se tornaram "as glorificações das 21 Taras", são regularmente recitadas em todos os mosteiros e templos preservados de monjas no Tibete. Sua origem remonta a uma história hindu, em que o espírito de um demônio numa floresta perto de Mathura quis impedir a prática de meditação de mais de 500 monges e monjas; todos eles portavam apenas quadros das 21 formas de Tara e os pregaram nas árvores – com o que o feitiço logo teve fim. A "Tara das 21 Taras" é uma forma de dança preservada pelos sacerdotes do povo newari, no Nepal, com o objetivo de tornar conhecidas as visões dos sábios, e hoje é executada não só em Katmandu, mas também no novo mundo.

Segundo as palavras de Khakyab Dorje, o 15º karmapa, os praticantes de prática Tara pacificam todos os tipos de medo, saciam todas as necessidades e deixam todos os objetivos ao alcance – até a concretização do mahamudra. Como na Arya Tara se encarna a atividade de todos os budas, podemos experimentar sua bênção mais depressa do que com qualquer outra divindade. Para muitos mestres eruditos e realizados na Índia e no Tibete a prática de Tara foi sua prática principal, com a qual alcançaram o mais elevado siddhi. Por isso até hoje ficaram preservados tantos exercícios e ensinamentos de Arya Tara.

A proteção contra os oito perigos, que Tara oferece, de fato não deve ser entendida apenas concreta e mundanamente, mas também deve ser transferida para os perigos e armadilhas espirituais. Os oito grandes perigos ou medos são tradicionalmente o fogo, a água, os ladrões, as pestes, as cobras, os leões, os elefantes e os espíritos. Passando ao âmbito espiritual, ela ajuda contra o fanatismo e as oito pragas espirituais: a dúvida, a paixão, a avareza, a inveja, os falsos ensinamentos respectivamente à compreensão errônea da realidade em virtude da ignorância, do ódio, da confusão e do orgulho. Com isso Tara também protege contra o entrelaçamento nesses oito deslumbramentos espirituais. Ela elimina a tendência para posicionamentos e comportamentos espiritualmente negativos e finalmente os transcende de forma total. A sabedoria de Tara é uma fonte de amor e compaixão e contém ao mesmo tempo o poder de salvar e de proteger, de despertar e de levar ao caminho da mais elevada libertação.

Assim, por exemplo, Tara salva – literalmente – de naufrágio e afogamento, mas também, no sentido figurado, do nosso sofrimento emocional de "naufragar" na vida e afundar na sucção das ilusões. Ela não destrói pequenos obstáculos, o que seria muito mais a função das divindades coléricas; ela antes nos conduz como uma estrela-guia através deles, transcendendo-os. O maior e mais constante obstáculo que temos de atravessar é o mar do nosso próprio espírito com suas correntes turbulentas de pensamentos, para cuja travessia Tara nos dá coragem e força. Ela encarna a sabedoria, a sabedoria salvadora de que precisamos para, com as palavras de *Prajnaparamita*, "chegar à outra margem". Quando com isso chegamos à raiz do nosso pensamento e alcançamos o silêncio interior, a nossa consciência e energia espiritual podem brilhar sem esforço sobre todos os obstáculos e ultrapassar perigos, armadilhas e apegos.

A prática de Tara pede em medida especial confiança e dedicação, motivo pelo qual é considerada no Tibete uma das práticas de meditação mais facilmente acessível e popular. Como essa prática, assim como a do Chenresi, foi recomendada, de acordo com os sutras mahayana, pelo buda Shakyamuni, ela não exige necessariamente uma iniciação espiritual, embora represente um apoio especial. Quem invoca Tara e confia nela, será salvo do mundo impetuoso dos desejos e paixões constantes, da corrente incessante das ilusões, será conduzido à outra margem e será ajudado a transcender ambos: o grande oceano da existência como também a minúscula gota da existência individual.

No final da sua sadhana, na transmissão de Nagarjuna para Atisha ela é invocada como segue:

*Concede-me todo o mais elevado e habitual siddhi.
Salva-me de todo dano,
dos oito e dos dezesseis perigos.
Liberta-me do samsara, o grande oceano do sofrimento.
Cessa totalmente o sofrimento.*

A TARA BRANCA

OM
Surgida de uma lágrima do rosto do senhor do mundo,
tu és a mãe e presenteias o nascimento do Buda das três épocas.
Ó joia que concede os desejos da Roda,
diante de ti me inclino!

(Jamyang Khyentse Wangpo)

A tradição

Uma famosa apresentação da Tara Branca com o nome "Roda que concede os desejos" está pendurada na sala de iniciação da instituição Jamyang Khyentse Wangpo no mosteiro Dzongsar em Kham no Tibete oriental. Tanto Jamyang Khyentse Wangpo como também Jamyang Khyentse Chökyi Lodrö tiveram a mesma visão, de que Tara se dissolveu em sua manifestação como deusa da sabedoria nesse quadro em rolo. Há numerosos relatos sobre como presenteou bênçãos e visões puras em profecias, ensinamentos, autorizações da vida de Langen.

A Tara Branca e a Tara Verde devem ter surgido de duas lágrimas de Avalokiteshvara, que ele derramou devido tanto ao desamparo quanto ao incessante e contínuo sofrimento no samsara. Em uma dimensão histórica mais recente, as duas manifestações principais da Tara são equiparadas às duas esposas do rei tibetano Songsten Gampo, que viveu no século VII e que é visto como uma emanação de Avalokiteshvara. Sob a influência das suas duas esposas, ele apoiou a introdução do budismo em seu país de todas as maneiras imagináveis.

A princesa nepalense Bhrikuti, que trouxe da sua pátria muitos quadros budistas, entre eles uma estátua de Tara em sândalo, é considerada a encarnação da Tara Verde. Para esta o rei construiu o templo Ramoche e para Bhrikuti em Marpori, "a montanha vermelha", uma fortaleza com vista sobre Rasa, o "lugar das cabras". De Rasa mais tarde saiu Lhasa, o "lugar dos deuses" e à fortaleza em Marpori anexou-se Potala, a residência do Dalai Lama.

A princesa chinesa Wengcheng, uma encarnação da Tara Branca, trouxe consigo a famosa estátua de *Jowo Rinpoche* que mostra o buda Shakyamuni como jovem príncipe do clã de Shakya. Esta foi primeiro instalada no templo Ramoche, até que fosse transferida para o jokhang próprio, construído para ela, onde é mantida até hoje.

A Tara Branca encarna o aspecto positivo e meditativo da compaixão. Enquanto a Tara Verde representa a ajuda ativa, a Tara Branca representa uma forma pacífica e maternal protetora. Ela também pode ser vista como a correspondente feminina de Avalokiteshvara com fecunda energia maternal. Suas bênçãos prometem um destino favorável geral, paz e prosperidade, saúde e uma vida longa. Ela é invocada por todos, para prolongar a vida de uma pessoa, mas ela também atua de uma vida para a seguinte como salvadora do terror no samsara.

As invocações à Tara Branca que Atisha juntou baseiam-se num ciclo de textos hindus de três obras Vagishvarakirtis, que foram conhecidas sob o título "Enganar a morte". Essa metáfora refere-se ao prolongamento do lapso de tempo de vida através da prática de Tara. Dessa tradição derivaram algumas linhas de transmissão tibetana da Tara Branca, um dos mais importantes yidams do karmapa de Gyalwa e também de Chökyi Jungne, o 8º Situ.

Como a Tara Verde, também a Tara Branca é uma deusa bastante popular para os tibetanos, que os acompanha durante toda a vida e é venerada como ajudante em todas as situações da vida. No verão, durante a estação dos piqueniques, como expressão da confiante dedicação do povo, foi executado um sacrifício de mandala com orações a Tara, acompanhado de danças e jogos.

Essa adoração de Tara no Tibete teve seu verdadeiro início com Atisha no século XI e alcançou seu auge com Taranatha, no século XVI. Quando o mestre hindu Atisha recebeu o chamado do Tibete, ele pediu conselho à sua divindade protetora para que o ajudasse a se decidir. Tara lhe disse que ele chegaria aos 92 anos de idade se ficasse na Índia; sua vida no entanto seria vinte anos mais curta se fosse para o Tibete – onde em todo o caso ele poderia fazer mais pela disseminação do dharma. Para Atisha, o grande professor do ensino espiritual *lojong*, não havia nenhuma dúvida sobre a decisão que tinha de tomar.

Os elementos do quadro

A cor imaculada e pura da joia lunar,
teu gesto de dádiva e como seguras um lótus Utpala,
teu sorriso pacífico, o brilho exemplar da tua figura vajra –
tudo isso seja elogiado e venerado.

Do oceano de melodias
tu trazes uma chuva fresca e suave de néctar,
que desperta os domínios das criaturas senscientes.
Ó tu, com a voz melodiosa de Brahma, sejas famosa.

Com tua sabedoria, que amigavelmente deferencias,
tu, que te igualas a todo tipo de conhecimento,
mahamudra, não preso no pensamento,
ó espírito da luz clara, seja venerada e louvada.

(Jamyang Khyentse Wangpo)

Sitatara, a Tara Branca, é tão bonita e graciosa, que se diz nos textos que ela "roubou a luz do sol e da lua". A cor do corpo dela é branca e ela também segura um lótus branco. Ambos são um símbolo de pureza, pois a pureza imaculada é sua principal característica – e com isso o vazio é o seu ser. Isso também representa a sabedoria, pois a Tara Branca é equiparada à *Prajnaparamita*, a perfeição da sabedoria. Além disso, o lótus é um símbolo de proteção, que defende contra os sustos e os medos do mundo.

Diferentemente da Tara Verde e correspondentemente ao aspecto passivo da compaixão por ela encarnado, ela se senta com ambas as pernas recolhidas e cruzadas na postura de meditação, a posição de lótus total. A posição e os gestos das suas mãos correspondem aos da Tara Verde, dando proteção e concedendo desejos.

No entanto ela tem, como sinal especial de reconhecimento, ao todo sete olhos: além dos dois habituais, um terceiro na testa e um na palma de cada mão e nas solas dos pés. Por isso, no Nepal, ela é chamada de "Tara dos sete olhos". Um outro nome dela é "a pupila dos olhos que tudo veem"; isso simboliza a onipresença de sua compassiva solicitude, pois com eles ela pode ver o sofrimento de todas as criaturas em todos os âmbitos da existência, como o Avalokiteshvara das onze faces. Os três olhos no seu rosto também representam os três portais da libertação (também chamados "os três vazios") e os quatro outros olhos nas palmas das mãos e nas solas dos pés, os quatro imensuráveis: amor, compaixão, alegria e impassibilidade.

Aspectos da prática

*OM TARE TUTTARE TURE MAMA AYUH PUNYA
JNANA PUSTIM KURU SVAHA*

(Mantra especial da Tara Branca)

Esse mantra mais longo completa o habitual mantra de Tara de dez sílabas para a prática da vida longa, por meio de um apêndice especial. Traduzido para o português significa: "OM Tara Tuttara, a dos pés rápidos, por favor cuide de que eu possa gozar de saúde e vida longa, merecimento e sabedoria". Com esse mantra sua força compassiva e repleta de bênçãos deve ser ativada, para afastar todos os obstáculos contra uma vida longa, prolongar o lapso de tempo da vida, bem como aumentar as duas acumulações de merecimento e sabedoria. Ele é recitado no final da sessão de meditação, mas também serve para a constante recitação silenciosa entre as sessões.

As práticas associadas à Tara Branca têm em primeiro lugar (e até agora prioritariamente) o objetivo de eliminar empecilhos que põem a vida em risco e o de prolongar a própria vida ou também a vida dos outros. O pedido de vida longa é feito por um motivo especial pelos budistas tibetanos, pois a vida humana é considerada extremamente rara e valiosa, e somente nesse âmbito da vida o budado pode ser alcançado. Por isso também existem muitas orações pela vida longa para elevadas encarnações de mestres realizados. Especial nesse contexto, a Tara Branca tem o nome de *Yeshin Khorlo*, a "roda que realiza os desejos". No caso de doenças graves, adicionalmente ao tratamento médico é recitado o mantra, e em muitos casos também são realizados *pujas* especiais de um dia inteiro. Além disso, um artista pode ser encarregado de pintar um quadro da Tara Branca ou de uma outra divindade de longa vida. No caso do Dalai Lama, não raro um artista recebia a incumbência de pintar um desses quadros por mês para ele, para assegurar a sua longevidade.

A Tara Branca é representada em todas as classes de Tantra como divindade. Ela muitas vezes aparece junto com as duas outras deusas de vida longa Amitayus e Ushnishavijaya. *Amitayus*, o buda da vida ilimitada, é uma manifestação sambhogakaya do buda Amitabha. Nele se encarna o conhecimento de que a vida não tem começo nem fim. Como Amitayus e sua parceira Candali, Padmasambhava e Mandarava alcançaram a imortalidade pela sua prática na caverna de Maratika, no Nepal. *Ushnishavijaya*, protetora da sabedoria dos budas e Bodhisattva feminina da longa vida, vale como mais uma manifestação da Tara Branca. Ela cuida dos praticantes com o néctar que traz com a vitória sobre Mara, o senhor da morte, e dá a imortalidade de presente. Sobretudo na companhia de Amitayus e Ushnishavijaya, a Tara Branca foi uma inspiração para os ensinamentos do século XIX, que uniram mahamudra e dzogchen.

Nós não deveríamos reduzir a Tara Branca ao aspecto de vida longa. Como o seu nome já diz, com sua ilimitada compaixão ela concede ajuda para cruzar o oceano do sofrimento e alcançar a margem salvadora da libertação. Para isso ela elimina os impedimentos do caminho, dá coragem aos fracos e esperança aos desanimados. Ela não só prolonga a vida, mas fortalece a entrega, resolve conflitos interiores, ajuda a encontrar a calma e aprofunda a sabedoria. A sadhana da Tara Branca no início das sessões de prática é prenúncio de promessa de sorte. Todos os dharmas são encerrados visivelmente na mandala da "Roda que realiza os desejos". A meditação no aspecto feminino desse buda ajuda o praticante não só a "alcançar uma vida longa feliz", mas também, do ponto de vista espiritual, a levar uma vida rica, plena e fecunda para os outros.

O BUDA DA MEDICINA

*Elogio e veneração a ele,
a luz do lápis-lazúli, o buda da cura,
o glorioso, repleto de igual compaixão por todos!
A simples audição do seu nome
te liberta do sofrimento dos planos inferiores
e te cura da doença dos três venenos do espírito.*

(Gotas de néctar, prática do Sangye-Menla)

A tradição

Sangye Menla, o Buda da medicina e "Rei da medicina" é uma manifestação direta do Buda Shakyamuni. Com sua ilimitada compaixão ele busca iluminação e libertação dos numerosos tipos de sofrimento para todas as criaturas. Ele também é o médico para as paixões humanas, o curador infalível dos sofrimentos no samsara. O próprio Buda associou seu papel como professor com o papel do curador e definiu-se como o "médico para os sofrimentos do mundo". No sutra *Mahaparinirvana* ele descreveu a função do seu ensinamento com a ajuda de uma analogia médica. Buda é o médico que pode curar em geral as doenças básicas dos seres senscientes que sofrem dos três venenos do espírito: de cobiça, de ódio e de ignorância. Todas as demais impurezas infinitas em última análise provêm da raiz da ignorância, da representação do "eu". A medicina que cura é o dharma, a prática regular para a revogação da causa do sofrimento (a doença) e para a cura definitiva por meio da concretização do estado de Buda.

Buda, como o mais elevado médico, consequentemente pode ser visto como um terapeuta dos sofrimentos e doenças do corpo. Nessa função ele se manifestou na figura transcendental de um "Buda da medicina" com um corpo de luz de um azul profundo, cuja cor se iguala à do lápis-lazúli. Seu nome em sânscrito *Bhaishajyaguru Vaiduryaprabha* significa "o professor curador do brilho de lápis-lazúli". Essa pedra de cura tradicional, que devido a sua cor azul intensa também é chamada de pedra do céu, emprestou sua cor ao corpo do Buda da medicina. Até hoje o berilo ou a água-marinha também são considerados como esse "mestre dos remédios".

Na figura de Bhaishajyaguru, Buda revelou o conhecimento básico da medicina tibetana praticada até hoje. De acordo com a tradição, depois de ficar quatro anos na "floresta das ervas curativas" ele permaneceu no palácio Indras Sudarshana nas alturas da montanha Meru. Ali ele se manifestou como "rei dos médicos". Os muitos alunos reunidos ao seu redor queriam receber ensinamentos dele, mas o puro brilho da sua irradiação os deixava sem fala. Em seguida, Buda manifestou-se na forma de duas das suas próprias emanações. Yilekye, a irradiação da sua fala, ofereceu os ensinamentos, que foram partilhados por Rigpe Yeshe, a irradiação do seu espírito. Do seu jogo de perguntas e respostas surgiu a forma de diálogo do texto *Gyushi* composto de 5 400 versos, os "quatro tantras" sobre a medicina. Estes devem ter sido escritos em tinta de berilo em folhas de ouro puro, e devem ter sido guardados no Palácio das Dakinis, em Oddiyana, até chegar a hora certa.

A tradição da filosofia médica tibetana foi fundada com esse *Gyushi*. Trata-se do mais antigo texto tibetano do mundo, que foi preservado. O *Gyushi* foi traduzido para o tibetano no século VIII de um texto em sânscrito que não existe mais, pelo erudito Vairochana. Vairochana, que o rei Trisong Detsen havia enviado para a Índia, iniciou o médico tibetano Yuthok Yonten Gönpo, o velho (708-833), nos ensinamentos dos quatro tantras médicos depois da sua volta. Yuthok Yonten Gönpo, para os tibetanos uma emanação da "fala" do Buda da medicina, teve o mérito de haver sistematizado pela primeira vez os textos do *Gyushi*. Ele viajou várias vezes para a Índia, para lá informar-se sobre novos ensinamentos médicos. Até seu 80º ano de vida ele era monge e só então se casou a fim de fundar uma raça de médicos. No século XI o *Gyushi*, que havia sido escondido num pilar do mosteiro Samyê e que foi descoberto outra vez como texto-terma, foi editado por Yuthok Yonten Gönpo, o mais novo, e unido com os "oitos ramos da ciência da cura" do ayurveda, formando a obra básica válida até hoje.

Habitualmente, o *Gyushi* é estudado junto com o comentário "berilo azul", considerado o texto mais importante da literatura secundária. Este provém de Desi Sangye Gyatso (1653-1705) que, como regente do 5º Dalai Lama, influenciou duradouramente o desenvolvimento da entidade tibetana da saúde. Ele também fundou a escola de medicina Chagpori na montanha de ferro, nas proximidades de Lhasa, e dispunha de um decreto segundo o qual todo mosteiro maior deveria formar no mínimo um médico próprio. O 13º Dalai Lama fundou em 1916 uma outra escola superior de medicina em Lhasa, a Mentsee-Khang, que depois da fuga do 14º Dalai Lama para o exílio na Índia, foi reconstruída em Dharamsala como "Instituto Tibetano para Medicina e Astrologia". Também o Instituto Chagpori foi fundado outra vez em Darjeeling.

A veneração ao "Mestre da Medicina" é um dos cultos populares do budismo, da religião e da medicina, estreitamente associados entre si. No pensamento tibetano tradicional as doenças são vistas muitas vezes como consequência de erros na direção da vida ou de pensamentos "errados". Aspectos kármicos também representam um papel importante no significado das doenças. Além dos sintomas externos das doenças inclui-se no diagnóstico a disposição física e mental, e as ações rituais representam um papel importante na terapia. Consequentemente, o Buda da cura também é invocado na religião popular para ajudar e proteger nas operações médicas, na coleta de ervas curativas e na preparação de remédios. Pelo mero toque em seu retrato os crentes esperam muitas vezes uma cura ou alívio dos seus males, pois ele é adorado como distribuidor de uma medicina que literalmente pode curar todas as doenças e, além disso, preservar da morte prematura.

Tradicionalmente, o oitavo dia do mês lunar é considerado o dia do buda da medicina, quando sua força, bem como a de todas as divindades sagradas, é especialmente forte. Portanto, esse momento é o mais apropriado para rituais de cura e a preparação ritual de remédios. Também a Lua cheia do oitavo mês (na maioria das vezes em outubro) é recomendada para isso, pois nesse momento a força do luar é especialmente pura e forte. Nas representações o "rei dos médicos" muitas vezes está cercado por um grande grupo de acompanhantes, nos quais se encarnam, além de aspectos médicos, também aspectos astrológicos e cosmológicos. Os principais Bodhisattvas em seu séquito são *Suryaprabha*, "brilho do Sol" e *Chandraprabha*, "brilho da Lua".

Os elementos do quadro

O "mestre curador do brilho do lápis-lazúli" aqui é tradicionalmente de cor azul-escura, mas apesar disso é apresentado com qualidade transparente. Ele parece infinito, para além das modificações e da destruição e usa a roupa simples de um monge ou asceta. Com sua mão direita ele faz o gesto de concessão dos desejos, em que se expressa seu dever de curar todas as doenças e suas causas por meio do poder de sua sabedoria. Entre os dedos polegar e indicador ele segura o cabo de uma *myrobalane*; trata-se da legendária "rainha das plantas curativas" na medicina tibetana. Em sua mão esquerda ele segura uma tigela de esmolas com Amrita. Do lado esquerdo da pintura está representada uma maravilhosa árvore *myrobalen*.

As figuras que aparecem na parte superior do quadro simbolizam sua estreita ligação com o Buda da medicina e com a medicina tibetana pelos atributos que lhes são conferidos. À esquerda, nos ramos da árvore myrobalane está sentado Yuthok Yonten Gönpo, o grande médico tibetano do século VIII, que primeiro reuniu sistematicamente o *Gyushi*, os quatro tantras médicos. À direita, está retratado Desi Sangye Gyatso que, no século XVII, como regente do 5º Dalai Lama, exerceu igualmente uma influência duradoura na medicina tibetana e que, entre outros, compilou um famoso comentário sobre o *Gyushi*.

Na parte inferior do quadro aparece à esquerda Khyung, o Garuda vermelho. Ele encarna o elemento fogo e o raio, tanto que é visto como o aspecto energético da medicina tibetana. Na tradição tibetana ele é considerado especialmente um vencedor do *Naga* e por isso é invocado para a cura das doenças causadas por ele, entre as quais estão doenças da pele e diversos males cancerígenos. À direita aparece Dorje Düddül, "o vencedor dos demônios vajra", o principal protetor da medicina0 tibetana. A presença destas fortes divindades de proteção deve ser entendida como uma indicação de que essa prática especial de visualização pode ser usada como meio poderoso para a superação das doenças graves.

Aspectos da prática

*TAYATHA OM BEKANZE BEKANZE MAHABEKANZE
RADZA SAMUDGATE SVAHA*

O mantra do Buda da medicina, que representa um tipo de oração em honra ao seu nome, deve capacitar o espírito a abrir-se em correta entrega às suas forças curativas e unir-se com a sua essência. Por meio dessa prática sua sabedoria, sua compaixão e sua força podem ser invocadas na forma de raios de luz curativos, vibrações sonoras curativas e essências curativas.

No Buda da medicina encarna-se o aspecto curativo de todos os budas, bem como a qualidade desperta e curativa do próprio espírito. Através da prática de meditação não só podemos visar à saúde física, mas também ao restabelecimento espiritual – o despertar total. Com isso podemos ao mesmo tempo desenvolver a capacidade de apoiar e acompanhar as outras pessoas nos seus processos de cura. Para as pessoas que trabalham em profissões de ajuda e de cura é especialmente recomendada a prática diária da meditação.

A invocação de Sangye Menla não se refere unicamente ao âmbito de manifestação sobrenatural, pois bons médicos e remédios eficazes também são vistos como formas de expressão do Buda da medicina no mundo. Portanto, a oração a ele dirigida não é de modo nenhum incompatível com as medidas médicas "mundanas", mas as complementam de modo harmonioso. Para um médico budista, que não acredita que "ele" cura como um eu individual, o rei dos médicos é um grande exemplo. Em todas as medidas práticas que toma, ele se identifica espiritualmente com ele, deixa a luz do lápis-lazúli curativo brilhar sobre o doente e por meio da recitação do mantra da força curativa eleva cada tratamento. O Buda da medicina é entendido como uma espécie de indicador do caminho, como mestre interior do conhecimento médico e farmacêutico, que é invocado para inspirar ao médico e respectivamente ao paciente, a terapia correta. Um agente de cura, que recebeu a bênção do mestre da medicina, pode conduzi-la para outra pessoa, por exemplo, pela imposição das mãos.

Uma divindade visualizada e invocada junto com o Buda da medicina é o Amitayus Branco, o Buda da longa vida. O médico invoca Amitayus durante o tratamento para harmonizar as dissonâncias vibratórias no corpo do doente. Os raios de luz provenientes de Amitayus se unem às suas próprias vibrações e com isso enfraquecem as desarmonias ou as eliminam. Os remédios também podem ser carregados positivamente desse modo. Durante o ritual da "bênção dos medicamentos" o médico, pela força da recitação do seu mantra, desperta as energias curativas do Amitayus Branco e as dirige para dentro dos medicamentos.

Nas formas superiores da prática, o Buda da cura é visto como expressão da natureza do Buda, que os praticantes buscam concretizar em si mesmos. Na meditação do Buda podemos conquistar grande força de cura – para a autocura e para a cura das outras pessoas. No vajrayana a autocura também é vista como parte de um processo, ao lado do tratamento médico normal das doenças e sofrimentos, além de também transformá-lo em possibilidades de desenvolvimento para o espírito. Por meio da fusão e da união com o Buda da medicina, podemos visualizar e deixar atuar em nós a influência positiva da cura num âmbito mais profundo e calmo, onde há menos conflitos mentais e emoções perturbadoras.

De fato, a visualização é um dos meios mais poderosos para a cura, visto que pode transformar nosso padrão mental espiritual negativo. Para isso precisamos despertar em nós o diagrama positivo em todo coração e abrir-nos com total confiança para isso. As doenças e as emoções negativas, no entanto, principalmente nosso sofrimento com elas, estão enraizadas no apego a um "eu"; contudo, precisam ser primeiro diagnosticadas pelo nosso próprio médico interior para podermos nos furtar à força desses ataques e podermos reconhecê-las como não existentes. A verdade budista básica, de que tudo é transitório e muda constantemente, pelo desapego à ideia de um "eu sofredor", pode tornar-se um fato que pode ser concretamente experimentado. Pois, afinal, trata-se outra vez de resolver o círculo triplo de ação de sujeito, objeto e a ação associada na dimensão aberta e de realizar a "pureza tripla".

Mais importante do que a exatidão dos detalhes visualizados para a prática são os sentimentos desenvolvidos durante essa prática. Perceber a presença e o calor do Buda da medicina, já pode ter um efeito purificador e libertador. Através da força da energia curativa desenvolvemos em nós as qualidades da cura profunda, da alegria e da paz. Por isso, no final da prática nós pedimos que a unidade da abertura e da sabedoria possam desenvolver-se em nosso espírito. Partilhamos com todas as criaturas a energia curativa que se transforma em luz e energia, pois um dos mais elevados remédios é a compaixão. Ela é caracterizada pelo pensamento de que todas as criaturas podem ser libertadas do sofrimento, e através do Bodhichitta aliado ao nosso propósito, levá-las a essa libertação e felicidade com todos os meios à disposição. Assim como, em última consequência, Shantideva expressou em seu *Bodhicharyavatara*:

> *Que eu possa, enquanto houver pessoas*
> *doentes, e até o seu restabelecimento,*
> *transformar-me em médico e remédios.*
> *E possa ser para elas um enfermeiro.*

MANJUSHRI (*RIGSUM GONPO*)

Eu me prostro diante do nobre filho do vitorioso,
diante de Manjushri, Avalokiteshvara e dos outros (mahabodhisattvas),
que uma vez partiram no bote da corajosa compaixão
e então libertam as criaturas do oceano do sofrimento na circulação da vida.

(Jamgon Kongtrul Lodrö Thaye)

A tradição

Manjushri é aqui a figura central numa composição de imagem com dois outros importantes mahabodhisattvas, Avalokiteshvara e Vajrapani. Juntos são designados como o *Rigsum Gonpo*, "os senhores protetores das três famílias". Geralmente falamos das cinco famílias da mandala, mas no Kriyatantra também existe uma divisão em três famílias – justamente Buda, Padma e Vajra. No nosso contexto, as três famílias devem ser entendidas como os três tipos de qualidades de iluminação: sabedoria, compaixão e força de vontade. Sabedoria é a capacidade de ver a verdadeira essência da realidade; na compaixão universal e bondade amorosa se expressa o desejo de libertar todas as criaturas de todo sofrimento, seja na forma de dores físicas ou insatisfação espiritual; a força de vontade volta-se para a energia dos meios hábeis para a lida correta com as situações.

Com o surgimento do budismo mahayana, por volta do século I a.C., o ideal do Bodhisattva ficou cada vez mais em primeiro plano. Nos degraus da escada Paramita, bem no alto estão os mahasattvas ou "Grandes Seres". Estes superaram totalmente os três venenos espirituais e não podem mais voltar ao círculo da existência. No entanto, eles permanecem

voltados para o mundo e não só deixam as criaturas participarem da sua concretização, mas atuam igualmente para o seu bem. Os três senhores protetores aqui apresentados também são geralmente designados como Bodhisattva Mahasattvas, às vezes com o epíteto "celestial" ou "transcendente". Embora eles tenham alcançado a total iluminação há tempos, na época do buda Shakyamuni eles eram contados entre seus oito filhos próximos e eram encarnações exemplares do ideal do Bodhisattva. Mas justamente pelos próprios tibetanos eles são com mais frequência chamados de budas. Assim, Manjushri é o buda da sabedoria, Avalokiteshvara, o buda da compaixão e Vajrapani, o buda colérico da força da iluminação, que protege os segredos tântricos. Manjushri encarna também a essência do espírito, Avalokiteshvara, a essência da fala e Vajrapani, a essência do corpo de todos os budas.

Manjushri, Avalokiteshvara e Vajrapani são os modelos para todos os Bodhisattvas, que com suas qualidades de iluminação servem aos esforços altruístas de despertar todas as criaturas senscientes para o budado. Cada um deles atua nessa tarefa libertadora com a energia essencial que lhe é própria. Como emanações dos Dhyani-Budas eles agem como representantes e mediadores entre a esfera terrena e a esfera transcendente.

Para a combinação de Avalokiteshvara, Manjushri e Vajrapani existe uma prática sadhana comum com o nome de *Rigsum chi*. A prática está disseminada em várias escolas, tanto na escola Gelugpa como ilustrada nas composições de imagens apresentadas, mas, por exemplo, também no movimento *Rime* não sectário. Algumas das transmissões tântricas centrais provêm dos textos-terma, bem como do *Rinchen Terdzö*, o ciclo "tesouro dos valiosos ensinamentos ocultos" e do *Rigsum Norbu Gondzö*, cujo título declarado traduzido é "tesouro da intenção iluminada da joia das famílias dos três budas".

Existem inúmeras reproduções dos protetores das três famílias como as três grandes divindades populares. Mosteiros recebem seus nomes como denominação, e eles podem aparecer encarnados simbolicamente num grupo de três *stupas*. Além disso, eles têm lugares consagrados de força, cujas formações naturais os lembram e recebem seus nomes, como por exemplo um santuário de montanha com três torres. Sua presença pode ser invocada por gravações nos rochedos, pinturas nas paredes e impressões em blocos ou simplesmente por pingos de tinta.

Os elementos do quadro

A ti, ó protetor Manjushri, manifesto minha admiração.
Tu cortastes as redes da prisão a um ego.
A luz brilhante da tua espada de sabedoria penetra os três reinos.
Tu és o grande oceano da imensurável sabedoria de todos os budas.

(Jamyang Khyentse Chökyi Lodrö)

O brilhante Manjushri amarelo dourado, que "é nobre e suave", um príncipe sempre juvenil, aqui é apresentado como figura central do *Rigsum Gonpo*. Com a espada flamejante da sabedoria decisiva na sua mão direita, ele não só divide a neblina da ignorância individual, mas também é descrito como "a clara brilhante lâmpada da sabedoria, que dissolve a escuridão dos três mundos". O cabo da sua espada, no entanto, é um vajra, portanto Bodhichitta, pois sua ação é motivada pela compaixão e pelo amor. A espada corta todas as ilusões pela raiz e, além disso, representa o senso de justiça, da equidade e da criatividade. Contudo, Manjushri não somente afasta o desconhecimento, mas ao mesmo tempo semeia o conhecimento. Sua mão esquerda mostra o gesto da apresentação do ensino e segura o cabo de uma flor de lótus, sobre a qual repousa o livro da perfeição da sabedoria, o sutra *Prajnaparamita*. Para isso aponta também a extremidade da sua espada de duas lâminas; com uma delas separa todos os conceitos compreensíveis e mostra que segundo a sua natureza são vazios, enquanto com a outra lâmina corta o próprio vazio como conceito.

Avalokiteshvara, embaixo à esquerda, em sua costumeira forma de quatro braços, aqui é apresentado como *Shadakshari-Lokeshvara*, o "senhor das seis sílabas" [seu mantra]. Suas duas mãos principais estão sobrepostas na união de sabedoria e método e seguram a joia que realiza os desejos; isso também representa seu pedido a todos os budas, para ficar e ajudar todos os seres senscientes. Nas duas outras mãos ele segura contas de cristal e um lótus: ambos simbolizam o princípio da compaixão ilimitada e pura, que se expressa na afabilidade, na generosidade, no amor ao próximo e na bondade com todas as criaturas vivas.

Embaixo, à direita, aparece Vajrapani, a encarnação da força inumana de todos os budas e do poder dos seus meios hábeis. Em sua forma colérica ele é apresentado no fogo chamejante da sabedoria, que queima toda a ignorância. Em sua mão direita ele balança dinamicamente o vajra como símbolo da capacidade intuitiva dos seres despertos de usar sua compaixão e sua sabedoria em ações eficazes no mundo. Sua aparência colérica, sua auréola de chamas, a postura dinâmica e seus ornamentos de poder servem para a transmissão de força do espírito iluminado, que pode vencer todos os obstáculos e ilusões.

Na margem superior do quadro estão representados: no centro o buda Shakyamuni, à direita Je Tsongkhapa (que é visto como uma emanação de Manjushri) e à esquerda o atual 14º Dalai Lama pintor desta Thangka. Ele incluiu os dois últimos no quadro para despertar crença e confiança nas fontes de refúgio da escola Gelugpa. O estado de consciência interior de grandes mestres espirituais, como expressão do corpo, da fala e do espírito do Buda, é simbolizado pelas qualidades de iluminação dos "senhores protetores das três famílias" apresentados aqui.

Aspectos da prática

Avalokiteshvara e Vajrapani têm, cada um, um capítulo próprio; assim, sendo aqui Manjushri a figura principal, ela aparece no centro.

Manjushri é considerado fonte de inspiração para todas as transmissões do *sutra Prajnaparamita* e do caminho do meio (*madhyamaka*) e está, por meio de grandes mestres hindus como Nagarjuna, no início de várias linhas de sabedoria do mahayana e vajrayana. Inumeráveis textos começam com uma homenagem ao senhor protetor da sabedoria, como o seguinte:

> *A ti honra e apreço,*
> *ser de sabedoria Manjushri!*
> *Nada mais és do que*
> *meu espírito original,*
> *inseparável do guru.*

Manjushri é a mais importante divindade de proteção dos eruditos bem como dos seus alunos; seu conhecimento é comparado com o olho que tudo vê de um sol de mil raios. A maioria dos jovens monges aprende de cor o primeiro texto de 50 páginas da abrangente "Invocação do nome Manjushri". Muitos grandes mestres da tradição tibetana, nos quais se uniu grande erudição com igualmente grande realização, são vistos como sua emanação, como Tsongkhapa, Longchen Rabjam e Sakya Pandita bem como o rei Trisong Detsen, que requisitou Padmasambhava para o Tibete.

Quanto mais popular for uma divindade, tanto mais ela é cercada de lendas. Manjushri – como encarnação do espírito e da sabedoria de todos os budas – deve ter provindo de uma luz brilhante da testa de Shakyamuni. Ele apareceu primeiro na China, na Wu Tai Shan, a montanha dos cinco cumes. No Nepal ele é adorado como o que traz a cultura, pois lhe é atribuída a fundação da civilização. Quando ele se pôs a caminho para o *stupa* de *Svayumbunatha*, "o senhor que surgiu de si mesmo" e que não é outro senão o Buda original vajrasattva, o santuário numa colina no meio do mar lhe era inacessível. Em seguida Manjushri dividiu as montanhas com um golpe da sua espada "riso inspirador de medo", o que ensejou um escoamento do mar. Nesse lugar surgiu então o vale fecundo de Katmandu. Posteriormente, Nagarjuna descobriu aí outra vez o *sutra Prajnaparamita*, que fora preservado dos nagas. Ele sistematizou esse precioso achado, que se referia diretamente ao ensinamento de buda Shakyamuni, à filosofia do "caminho do meio" e com isso contribuiu para uma ampla disseminação do mahayana em teoria e prática. O stupa de Svayumbunatha até hoje é um dos principais lugares de peregrinação na Ásia.

De acordo com o historiador budista Taranatha, Manjushri apareceu pela primeira vez no terceiro concílio budista no século I d.C., uma grande congregação de eruditos mahayana. Também mais tarde ele apareceu para muitos mestres importantes, para inspirá-los nos seus estudos do dharma. Legendária é a história do "preguiçoso Bhusuku", que através das bênçãos de Manjushri se tornou o abençoado poeta do mahayana e diante da surpresa comunidade da academia do mosteiro Nalanda apresentou de improviso o famoso *Bodhicharyavatara*, "a entrada no caminho da iluminação".

Na crença popular Majushri também é considerado como "o mestre construtor celestial" e é venerado como deus da agricultura e da astrologia. Sua companheira é Sarasvati, a deusa das belas artes e especialmente da música. Ele mesmo também tem o apelido de *Manjugosha*, o que significa "aquele com a voz suave". O primeiro dia do ano tibetano lhe é dedicado, mas também cada dia isolado que começa com seu elogio, visto que com sua espada flamejante ele afasta os demônios da escuridão e traz a luz de um novo começo.

Com a espada e o livro como símbolos, Manjushri é uma encarnação de *Prajna*, a sabedoria diferenciadora. Ele não só pode diferenciar entre as visões corretas e falsas da realidade, mas também sobre quais ações devem ser executadas no caminho espiritual e de quais se deve desistir. Isto é, a ação de Manjushri se desenvolve pela experiência prática e imaginação, através do que essa compreensão não só tem sua base necessária, mas também uma certeza interior.

Tradicionalmente muitos rituais e orações a Manjushri se destinam a apoiar os praticantes no aprendizado e no estudo, para que alcancem o conhecimento da verdadeira natureza da realidade. Isso encerra tanto a pesquisa da natureza dos fenômenos externos como a pesquisa da natureza do próprio ser, do próprio espírito. Isso, em última análise, é o conhecimento do vazio, e com essa base pode desenvolver-se a ação compassiva para as outras pessoas. De acordo com a manifestação central do *Prajnaparamita* no sutra do coração, "a forma nada mais é do que o vazio, o vazio nada mais é do que a forma", Manjushri oferece não só proteção do samsara, mas também do Nirvana, pois a imersão na paz individual do Nirvana contradiria totalmente a compaixão ativa e a motivação altruísta do *Prajnaparamita*. Por isso, a compreensão sutil dos textos do *Prajnaparamita* é uma base necessária para a visão e a experiência da realidade do ser e do não ser das coisas.

Para o desenvolvimento da consciência diferenciadora e de sabedoria, além do estudo dos textos do Prajnaparamita recomenda-se a meditação no Manjushri. A prática Manjushri deve exercer a força de diferenciação e a inteligência desperta, uma boa memória e eloquência, a "autorização para a fala". Para aqueles que se voltam para ele, ele dá o entendimento das escrituras. Especialmente pelos mantras são fortalecidas a memória, a compreensão e a capacidade de entendimento dos praticantes. O mantra a Manjushri é o seguinte: OM ARAPATSANA DHIH e ele é recitado para eliminar o obscurecimento em razão da ignorância e para aumentar o espírito da sabedoria. Na visualização o DHIH irradia no coração de Manjushri o conhecimento de todos os budas. No final de uma sessão de prática, a sílaba-semente DHIH é recitada 108 vezes "de um só fôlego", enquanto o corpo dos praticantes se transforma num único DHIH.

A invocação de Manjushri como protetor da sabedoria se volta ao mesmo tempo ao espírito da verdade do guru e, finalmente, ao próprio espírito de sabedoria. O praticante é inspirado à profunda contemplação e análise do seu espírito, para que possa se abrir para a verdadeira natureza de todos os fenômenos que percebe, e todas as experiências que faz. Por meio das qualidades de Manjushri em conjunto com as do Avalokiteshvara e Vajrapani, o estado de consciência interior fica maior do que o do mestre espiritual como manifestação do corpo, da fala e do espírito de Buda, simbolizando como é expresso no seguinte texto de Patrul Rinpoche:

> *Com tua grande sabedoria tu concretizaste o Nirvana,*
> *com tua grande compaixão tu assumes o samsara de boa vontade.*
> *Hábil nos métodos tu reconheceste,*
> *que ambos não devem ser diferenciados um do outro.*
> *Mestre incomparável, eu me prostro a teus pés.*

VAJRAPANI

Mestre de todos os mantras de sabedoria,
tu que dominas as multidões de obstáculos
e manténs longe os demônios,
Senhor, tu que oscilas um vajra –
Sejas venerado!

A tradição

Enquanto Vajrapani encarna a poderosa energia como Bodhisattva transcendental e como um dos três protetores das três famílias e encarna a essência reunida à força iluminada de todos os budas, na prática tântrica ele também aparece como uma divindade arquetípica de meditação, que representa a decisão inexorável na superação de todos os obstáculos. Nessa forma o encontramos com frequência na proximidade da entrada de relicários de templos tibetanos e mongólicos. Ele é considerado o protetor de todos os ensinamentos tântricos, motivo pelo qual também tem o apelido de "senhor dos segredos". Por trás da sua aparência feroz se esconde a força poderosa da sua compaixão – paradoxalmente, quase poderíamos falar em "misericórdia desapiedada".

Indubitavelmente, no caso de Vajrapani trata-se de uma das divindades fascinantes do vajrayana. Ele estabelece uma ligação entre o antigo budismo indiano e o budismo tibetan tântrico. Originalmente um auxiliar de *yakshas*, no panteão tibetano ele galgou elevada posição. Nos textos mais antigos ele não é descrito como entidade própria, mas como uma manifestação do deus Indra, o soberano do céu dos trinta e três deuses. Posteriormente ele aparece como um dos quatro yakshas, que

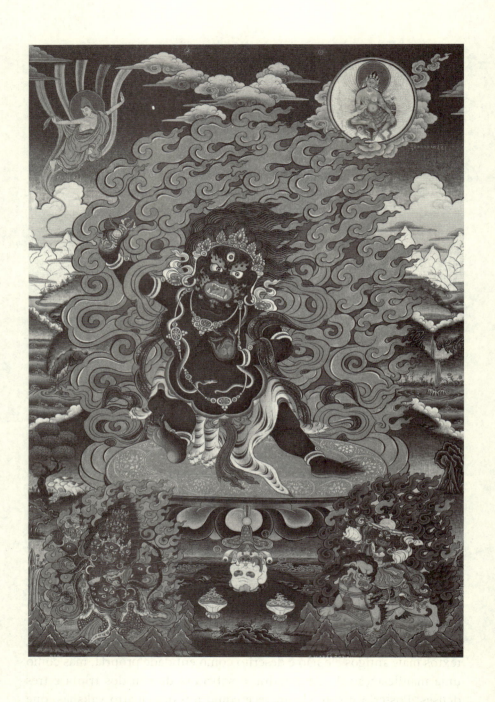

velam as quatro pontas de rochedo da montanha Meru a fim de proteger o céu dos trinta e três deuses.

Vajrapani é tido como "o senhor que derruba os demônios". Os deuses lhe teriam dado o elixir milagroso *Amrita* para guardar; este era visto como o único meio eficaz contra o veneno com que os demônios podiam causar danos às pessoas. No entanto, o próprio elixir ficou envenenado, depois de ter sido furtado pelo deus dos planetas, Rahu. Quando os deuses o deram de beber a Vajrapani, o veneno tingiu o seu corpo de azul. Essa cor é igualmente expressão de sua poderosa força, como seu corpo vajra, que esmigalha todos os obstáculos. Sobre isso há uma outra história. Quando o guardião dos quatro pontos cardeais certa vez queixou-se ao Buda sobre o sofrimento do mundo, este pediu a Vajrapani para pensar num meio de proteger as pessoas de espírito puro. Para isso, Vajrapani tomou todos os seus corpos "destruidores dos obstáculos"; especialmente os nagas, demônios da doença, os deuses do planeta Terra e dos planetas tiveram de se proteger dele.

No *Lalitavistara*, um texto surgido na época de transição entre hinayana e mahayana, Vajrapani adquiriu aos poucos traços de ser próprios e na mais antiga sutra mahayana alcançou a categoria de um Bodhisattva. Ele também é considerado a personificação da vitória de Buda sobre Mara e aparece como protetor de Buda. Como um dos oito Mahabodhisattvas, ou filhos próximos de Buda, ele pôde continuamente usar seus meios poderosos para disseminação e proteção do dharma. Quando o primo ciumento de Buda, Devadatta, certa vez tentou matar Buda com um pedaço gigantesco de rocha rolando-o da montanha das águias em Rajagriha, Vajrapani dividiu a rocha em dois, de tal modo que as duas metades rolaram passando ao lado de Buda. Em reconhecimento pela sua força invencível Buda colocou os Tantras sob sua proteção especial, o que lhe valeu o apelido de "Senhor dos segredos". Pelo valor hierárquico do seu emblema no *vajrayana*, ele finalmente recebeu seu mais elevado significado como divindade de meditação yidam.

Elementos do quadro

Grande divindade raivosa, Vajrapani,
extremamente feroz corpo vajra
da irresistível cor do espaço –
destruidor, venerado sejas!

Vajrapani é representado na cor azul profundo, que representa a natureza ilimitada do dharmakaya e – ao lado do preto – é a cor tradicional da força especial – ou também das divindades coléricas. Na testa ele tem o terceiro olho da sabedoria, que serve ao conhecimento do oculto. Ele está em pé num fogo da sabedoria que crepita com força, que jorra do seu corpo, e adota a assim chamada postura do guerreiro ativo: pela perna esquerda em passo imperioso e a perna direita mais fortemente dobrada aparece a postura orgulhosa típica de uma divindade colérica. Na mão direita levantada ele segura um vajra como símbolo da força da compaixão, mas também da natureza indestrutível da verdadeira realidade. Ambas as mãos fazem um gesto de ameaça, com o qual afasta os obstáculos e bane demônios de todos os tipos; o gesto da mão esquerda também vale como "mudra da vitória". O fogo da sabedoria irradiado por ele queima a ignorância, o vajra elimina todos os fanatismos grosseiros e obscurecimentos sutis. Quando esses obstáculos forem eliminados, todas as ações positivas podem ser executadas com o forte apoio de Vajrapani.

Ele usa uma pele de tigre em volta dos quadris como sinal do seu destemor e um xale azul de pele de elefante como símbolo da sua força. Sua corrente de cobras com forma de cordão de Brâmane é o emblema para a sua superação dos nagas. Ele não porta ornamentos de ossos, mas as joias típicas para os deuses do sambhogakaya e Bodhisattvas, entre eles a coroa de cinco pontas como expressão de sabedoria das cinco famílias de budas. Por ele, no entanto, é montado o assim chamado "sacrifício raivoso" com a tigela feita de crânio e seu conteúdo; isto é, os cinco sentidos são sacrificados em sua forma feroz.

Em cima, à esquerda, vemos o yogue Nyingma Palgyi Dorje voar no céu; ele matou o rei Langdarma, que combatia o budismo no Tibete, e depois pôde voar. Vajrapani era a sua principal prática, até finalmente realizar o corpo de luz. Em cima, à direita, na esfera do arco-íris, o *thigle* aparece Garab Dorje, o primeiro mestre de dzogchen na nossa era; o thigle representa as ilimitadas possibilidades potenciais que resultam da realização do estado original. Garab Dorje é visto como uma emanação de vajrasattva e o Vajrapani aqui representado é uma forma pacífica de Vajrapani.

Rahula, embaixo à esquerda, é uma emanação de Vajrapani da classe das sabedorias-*Tsa* e um guardião importante e protetor dos ensinamentos de dzogchen. Com seus muitos olhos ele pode ver em todas as direções, e com suas muitas bocas pode engolir a ignorância. Damchen Dorje Legpa, embaixo, à direita, é igualmente um protetor dos ensinamentos de dzogchen, dependente de Vajrapani. Ele era um guardião da antiga crença Bön no Tibete, mas foi obrigado por Padmásambhava, e ligado por um juramento, a proteger o dharma.

Dakinis e protetores do Dharma, mas também mestres concretizados que surgem no séquito de uma divindade de meditação, podem ser entendidos como a expressão das qualidades de sua corrente de consciência. Assim sendo, esta thangka ilustra convincentemente a poderosa ligação mútua de todas as figuras apresentadas.

Aspectos da prática

OM VAJRAPANI HUM PHAT

Como se diz nos textos sadhana, o mantra de Vajrapani desperta; entretanto, mesmo a simples lembrança de seu poderoso nome puro, desperta energia indestrutível e elimina a partir da base o karma negativo, supera fanatismos e elimina danos e todos os obstáculos. O meio adequado para isso é a sua raiva vajra. Entende-se como raiva vajra, segundo Chögyam Trungpa Rinpoche, aquela energia inteiramente direta e original, que surge na transformação do ódio ou da agressão por meio da prática tântrica. Ela se iguala a um diamante e por isso é incorruptível, não permite mais qualquer tipo de confusão, corta qualquer hesitação e todas as dúvidas, destrói as ilusões que impedem o despertar.

A raiva vajra é associada a todas as divindades raivosas, especialmente também os yidams, as divindades pessoais de meditação. Divindades raivosas, às vezes também definidas como "ferozes" ou "delirantes", não querem despertar medo ou sinalizar castigo, mas nos chacoalhar e abrir. Elas não personificam quaisquer forças negativas ou demoníacas, mas são encarnações fortes da compaixão. Suas manifestações ferozes simbolizam a violência, que domina todo o cosmos, mas especialmente também o espírito humano. Elas querem destruir as paixões do espírito, eliminar todas as limitações impostas pelo ego, queimar o ódio e a cobiça e apagar o ego como a mais alta forma de ignorância.

Quanto aos yidams, nossas divindades pessoais de meditação, não se trata de santos protetores, salvadores ou libertadores, mas da encarnação da nossa própria energia pura. De acordo com Namkhai Norbu Rinpoche a tradução de Yidam é não exatamente ou imperfeitamente "divindade", pois trata-se aqui do "espírito consagrado" do próprio praticante, que pode se manifestar de várias maneiras diferentes. O aspecto pacífico, que na meditação impura se mostra como desconhecimento, representa para o dharmakaya o estado calmo, o espírito sem pensamentos, o aspecto alegre, antes da expressão dos desejos e apegos; corresponde ao plano do sambhogakaya, o brilho radiante do espírito e a sensação de felicidade; e o aspecto da raiva se manifesta no plano do nirmanakaya na dinâmica da energia, nos pensamentos do espírito. Correspondentemente existem as manifestações pacíficas, alegres e raivosas do yidam.

O yidam pessoal pertence às Três Raízes do Refúgio. Ele representa as emoções e o aspecto da fala dos praticantes. Nele encarna-se a realização da experiência da iluminação, assim como ela se mostra no contexto da existência no mundo e como é usada no relacionamento entre o si mesmo, as outras criaturas e as aparências externas supostamente separadas por ele.

O praticante visualiza seu yidam em correspondência com sua estrutura individual de personalidade. O yidam está em íntimo relacionamento conosco e estimula o nosso desenvolvimento espiritual, visto que nos coloca diante dos olhos sua semelhança com nosso próprio ser interior. Portanto, a equiparação com o yidam é a identificação com ele e o reconhecimento da nossa própria natureza básica, livre de aspectos distorcidos. Dessa maneira nada precisa ser negado ou reprimido, mas tudo pode ser transformado na sabedoria e na compaixão do caminho espiritual.

No exemplo de Vajrapani pode se consumar um caminho muito interessante de desenvolvimento da transformação: da encarnação da resistência na figura de um Naga ou Yaksha sobre a personificação da vitória de Buda sobre Mara até o Bodhisattva transcendente, até a divindade protetora raivosa e até o yidam.

A força de Vajrapani como fator de iluminação encontra sua expressão em métodos especialmente eficazes para o uso da sabedoria e da compaixão. Ele é considerado o vencedor dos nagas, que representam as forças inferiores e os instintos. Traduzido para o âmbito psicológico, ele é o vencedor das emoções e paixões intensas; o fogo da sabedoria que emana de todos os seus poros queima os cinco venenos do espírito. Ele pertence à família Vajra, cujo soberano é o Dhyani-Buda Akshobhya, o inabalável. A energia distorcida da raiva é especialmente transformada em sabedoria igual a um espelho.

Como divindade raivosa da meditação, Vajrapani nos apresenta diante dos olhos a poderosa possibilidade de transformar os próprios fatores negativos do espírito, como por exemplo a raiva, o ódio e a paixão destrutiva e usar a energia contida neles de modo sensato. Por outro lado, por meio de Vajrapani a força que falta em nós pode ser ativada; com sua ajuda nós conseguimos superar o medo, a indecisão e falta de capacidade de realização. Ele nos mostra como dirigir o nosso espírito numa direção construtiva e desenvolver a capacidade intuitiva que acompanha o despertar, como transformar a sabedoria e a compaixão em ação eficaz. Quando, finalmente, o espírito entra na abertura da pura percepção, ele atua espontaneamente e para o bem de todos. A luta do guerreiro Bodhisattva não é contra inimigos externos, mas contra o fanatismo interior e os "demônios do egoísmo". O caminho do Bodhisattva é o caminho do herói, que o praticante tem de trilhar sem medo, para poder agir para o bem de todos os seres senscientes.

Às perguntas que Yeshe Tsogyal fez ao seu guru Padmasambhava na prática do yidam, ele obtem a seguinte resposta:

Reconhece que tu e a divindade yidam não são dois e que não existe nenhum yidam fora de ti... Quando tu atingires estabilidade espiritual por essa prática, tu terás uma visão da divindade e receberás ensinamentos. Não te apegues a essa experiência, não fiques fascinado por ela e extremamente alegre com ela, pois se trata apenas da manifestação do teu próprio espírito.

PALDEN LHAMO

*Desta maneira a famosa Palden Lhamo manifesta
os métodos raivosos de uma protetora do dharma,
provoca destruição, torna-se destruição, mostra atividades destruidoras,
é cercada por um séquito de ajudantes destruidores
e tem um corpo de um negro profundo como sinal da raiva.
Protetora, tu que executas todas as ações destruidoras,
destrói as minhas doenças, obstáculos e espíritos.*
OM SHRI DEVI HUNG PHAT

(Excerto do Sadhana e do mantra curto de Palden Lhamo)

A tradição

Palden Lhamo pertence aos *Dharmapalas* – aos protetores da doutrina, que se comprometeram a proteger o dharma. Isso deve ser entendido coletivamente, mas eles protegem também individualmente os praticantes do dharma em sua prática (e de si mesmos), protegem-nos de influências negativas e obstáculos para a meditação e seu desenvolvimento espiritual.

Chama a atenção que, apesar da prática dedicada e abençoada do Dharmapala, ao que parece, quase ninguém conhece exatamente a sua origem, mas as histórias ou mitologias que existem. Esse é especialmente o caso de Palden Lhamo. Ela é a visão tibetana de Shri Devi, a "grande deusa", a encarnação das forças sombrias da Grande Mãe, como as deusas hindus Kali e Durga, símbolo da permanente sequência de vida e morte. Ela também representa a forma raivosa da filha de Indra, que foi convertida ao budismo, e é associada a opiniões muito diferentes, por-

que muitas divindades locais existentes antes do budismo do círculo cultural hindu/tibetano estão fundidas nessa reverenciada deusa.

Em uma das suas existências ela foi a rainha do *rakshasa* no Sri Lanka. Ela havia jurado matar o próprio filho se não conseguisse fazer seu marido e seu povo desistir do canibalismo, dos sacrifícios humanos e outros maus costumes típicos. Quando seu consorte recusou-se a ouvir seu aviso, ela matou o filho diante dos olhos dele e então assumiu a figura delirante e aterradora de Lhamo. Contudo, ela teve de fugir e um dardo envenenado do seu marido atingiu sua mula. No lugar de onde ela tirou o dardo do flanco posterior, surgiu um olho que tudo vê pela sua força sobrenatural.

Depois da sua conversão ao budismo ela fez um juramento diante de Vajradhara, de proteger o dharma. De acordo com uma outra tradição ela foi introduzida como protetora dos ensinamentos por Yama e, com isso, também é senhora da vida e da morte. Com sua introdução no budismo tibetano ela se tornou uma das mais poderosas e ativas protetoras do dharma; contudo, como soberana do universo, ela também é invocada como deusa da fecundidade. Sua apaixonada satisfação na luta contra o inimigo do dharma fez com que diferentes divindades a munissem com armas e atributos mágicos, que também podem ser vistos no presente quadro.

Como "rainha dos rituais raivosos", Palden Lhamo está ligada ao famoso mar do oráculo Lhamo Latso a sudeste de Lhasa, na superfície de cujas águas podem ser observadas visões do futuro como num espelho. Esse mar pertence aos locais de força, que teriam sido iniciados por Padmasambhava e onde Palden Lhamo aparece. Isto é, ele oculta o espírito de vida da deusa protetora, que por sua vez é identificada com o espírito de vida do Tibete e do Dalai Lama. Ela foi o Dharmapala de Gendün Drub, o 1º Dalai Lama, que a nomeou deusa protetora do mosteiro Ganden. O 2º Dalai Lama, Gendün Gyatso, construiu o mosteiro principal Chökhor Gyal às margens do seu mar; depois da conclusão do mosteiro, durante um retiro, com a idade de 16 anos, ele começou a recitar diariamente dez mil vezes o seu mantra, e manteve essa prática por mais de cinquenta anos, até a sua morte. Losang Gyatso, o grande quinto, explicou detalhadamente a sua prática. Assim, antes de tudo ela foi para os Gelugpas uma protetora especial do Lhasa e do Dalai Lama, mas aparece, por exemplo, como acompanhante do Dharmapala Mahakala masculino, ou do deus dos mortos Yama na prática de outras escolas.

Em virtude da sua ligação com o mar do oráculo, Palden Lhamo também é usada para os fins de profecias. Para esse método são usados dados, que na maioria das vezes são retratados nas suas apresentações em pinturas thangka e que oscilam nos fios de um pano, no qual está embrulhado o livro das profecias. Quem quiser tornar-se um mestre da profecia com esse método, em primeiro lugar precisa submeter-se a um retiro. Durante esse período, os dados que ele terá de usar depois, são colocados num escrínio. A pessoa implicada terá de praticar a meditação e recitação dos mantras pelo tempo que for necessário, até que os dados se virem sozinhos no escrínio. Esse era o sinal de que os dados haviam sido empoderados pela deusa e que podiam ser usados para a adivinhação.

A prática de Palden Lhamo está disseminada em todo o Tibete e na Mongólia, e sua efígie pode ser encontrada tanto nos mosteiros como em simples altares domésticos. Os camponeses tibetanos a consideram a "mãe da Terra" e é adorada pelos nômades como "companheira do deus do céu". Ela não está mais sujeita à circulação dos renascimentos, e por isso pode vencer as forças que mantêm os seres humanos nas cadeias da dependência de existências obrigatórias, e que levam à morte incessante e a novos nascimentos.

Elementos do quadro

Palden Lhamo, aqui em sua manifestação como *Remati*, é apresentada num profundo azul-escuro, cor tradicional de grande poder bem como da raiva delirante na iconografia. Envolta em chamas, ela cavalga uma mula através de um mar do sangue dos seus inimigos, as paixões. Seus três olhos flamejantes olham para as três épocas e penetram os três mundos. Alguns dos seus atributos mais importantes são aqui apresentados de forma mais detalhada, porque todos eles representam uma qualidade especial da sua energia de sabedoria.

Na mão direita ela segura a clava vajra, um presente de Vajrapani. Essa arma é o símbolo do raivoso ritual de uma fomentadora da paz, pois com ela tritura as causas da guerra, transformando-as em pó; mas ela também é usada para castigar aqueles que rompem os votos religiosos. O crânio cheio de sangue e entranhas na outra mão a caracteriza como uma dakini raivosa, cujo alimento principal é a mais elevada bem-aventurança.

Ela carrega a coroa composta de cinco crânios das divindades raivosas. Estes representam os cinco venenos do espírito ou obstáculos emocionais – raiva, orgulho, paixão, ciúme e ignorância – que aqui são carregados como ornamentos do dharma e são transformados nas cinco sabedorias. O guarda-chuva de penas de pavão sobre sua cabeça, um presente de Brahma, indica sua imunidade às paixões e a legendária capacidade de poder transformar venenos, como o pavão. A grinalda de no máximo 50 cabeças decepadas simbolizam o triunfo sobre os muitos tipos de conceitos neuróticos.

Ela também está enfeitada com o sol e a luz, dois presentes do deus Vishnu:

O sol no lugar do seu umbigo é um sinal da sua principal ligação com a sabedoria, a foice da lua sobre a coroa da cabeça como ornamento trançado em seu cabelo em desordem, simboliza o método. Sol e lua simbolizam juntos seu papel especial como Dharmapala para os praticantes do mais elevado yogue tântrico, cujo objetivo é a união das energias masculinas e femininas. Um leão como símbolo do dia e uma cobra como símbolo da noite lhe servem também como brincos. As muitas cobras representadas, talvez como rédeas da sua mula, simbolizam a vitória sobre os instintos inferiores.

Palden Lhamo se senta de lado na sua mula, com os pés algemados um ao outro para que em sua raiva delirante não destrua todo o mundo; entretanto, isso também foi interpretado tradicionalmente como a união de sabedoria e método. Nas costas da mula está a pele arrancada do seu próprio filho. Pele humana como símbolo da sua compaixão impiedosa que ela oferece àqueles que nela confiam.

Palden Lhamo está aparelhada com muitas armas mágicas para proteção contra os inimigos do Dharma. Embaixo das narinas da mula, no flanco frontal, está presa uma trouxa de pragas amarrada como um livro tibetano na qual estão penduradas uma bolsa e um par de dados. A bolsa contém doenças e pragas; com o dado preto e o dado branco ela transmite o bom ou o mau karma dos seres humanos, no "jogo" da vida e da morte. No flanco esquerdo da mula estão presos novelos de linha de cores diferentes, que fiam a vida e a morte e ela os leva às suas vítimas.

Na companhia de Palden Lhamo se encontram *Makaravaktra*, a dakini com cabeça de crocodilo, que conduz a mula pelas rédeas, e *Simhavaktra*, a dakini com cabeça de leão, que a escolta.

Em primeiro plano estão as oferendas raivosas, que trazem os sentidos em sua forma furiosa como sacrifício; embaixo, um coração e globos oculares arrancados – um sinal da mais perfeita dedicação.

Elementos da prática

Os protetores do dharma podem ser vistos de pontos de vista externos, internos e secretos. Externamente, se trata dos *lokapalas* mundanos, que têm o dever de proteger aqueles que lhes trazem sacrifícios, para deixá-los reconciliados. Como os assim chamados Dharmapalas sobrenaturais, eles são manifestações do yidam na forma de um protetor raivoso que vela sobre a prática do dharma. Eles também simbolizam a própria proteção espiritual do praticante contra enganos; com isso o "princípio" que se encarna neles se retrai quase com violência das confusões. Nesse aspecto interior se correspondem estados espirituais e psicológicos dos praticantes do tantra, com os quais determinadas funções da vida espiritual devem ser cumpridas. Estas se expressam nas quatro atividades da iluminação.

No tantra fala-se não só das três joias, mas especificamente das três raízes do refúgio; de acordo com elas existe um refúgio sêxtuplo. O Buda, dharma e sangha se juntam o guru como raiz das bênçãos, o yidam como raiz de toda realização, bem como as dakinis e todos os outros protetores do dharma como raiz da atividade iluminada, depois que os obstáculos são eliminados. Enquanto o guru encarna o próprio espírito e o yidam a fala e as emoções, os Dharmapalas representam o corpo, o instrumento para a atividade no mundo, que encontra sua expressão nas quatro formas diferentes do *Karma-yoga*.

Nas quatro formas iluminadas de ação do Karma-yoga tenta-se primeiro provocar a *harmonização* das influências perturbadoras, como, por exemplo, aliviar um desequilíbrio psíquico ou uma doença física. Desse modo a situação não é acalmada superficialmente, mas pesquisada e sentida em sua totalidade. Essa atividade pacífica também representa o aspecto da limpeza. Em seguida vem o *enriquecimento*. A experiência é aumentada por um sentimento de riqueza material e longa vida. Quando isso também não ajuda, a ação da *atração magnética* é usada; então todos os componentes isolados são reunidos por ligações poderosas, para obter controle sobre a situação. Quando isso tampouco resulta em sucesso, segue finalmente como atividade raivosa a *destruição*, a dominação das forças negativas, da confusão e todos os obstáculos são totalmente removidos.

Um exemplo deve esclarecer que a eficácia poderosa das quatro atividades iluminadas não fica restrita ao âmbito espiritual, mas também pode ser usada no âmbito mundano. Quando, em fins do século XVII, o Tibete ficou desarmônico por causa de guerras externas e lutas de poder internas, o "grande quinto" Dalai Lama realizou cerimônias rituais para afastar os perigos e provocar uma reconciliação entre os grupos rivais. Nessas cerimônias são encenadas as atividades da satisfação, do enriquecimento, da escravização e da destruição raivosa, como são conhecidas nas sadhanas.

Na sadhana de Palden Lhamo é descrita cada uma dessas atividades iluminadas. A famosa deusa é invocada nesses quatro aspectos, um após outro, para, com os respectivos métodos, apaziguar, enriquecer, atrair magneticamente ou finalmente destruir as doenças, os obstáculos e as forças espirituais contrárias. Assim ela se torna uma poderosa ajudante para refrear e superar todas as forças que se colocam contra o progresso no caminho, e finalmente contra o conhecimento da natureza do próprio espírito.

Mesmo quando essas quatro atividades podem ser vistas em seu aspecto secreto como ilusão mágica e jogo do espírito, elas criam, no âmbito relativo, os pressupostos para a ação curativa. Em seu aspecto interior Palden Lhamo encarna, como também os outros Dharmapalas, a chave para um método extremamente eficaz para eliminar obstáculos kármicos e criar um entorno necessário à prática espiritual. Desse modo cria-se espaço para as quatro atividades iluminadas, que são motivadas em todas as suas formas de expressão pela compaixão. Elas também podem ser vistas sob o aspecto que provém da integração da meditação e da pós-meditação na prática do comportamento correto.

Também quando os Dharmapalas protegem os praticantes e velam por sua prática, eles cumprem somente uma função secundária. O praticante pode realmente aprender a dominar sua energia e a interiorizá-la totalmente, mas antes o guru precisa tê-lo posto em ligação com seu yidam pessoal. Portanto, na meditação em primeiro lugar tem de ser visualizado o yidam e o praticante tornar-se um com ele antes que visualize o Dharmapala diante de si, com o qual ele não se une espiritualmente. O Dharmapala é invocado e então intimado a cumprir a sua promessa de proteger o dharma e servir ao praticante. Assim sendo, a invocação de Palden Lhamo muitas vezes serve como meio de estabelecer a paz através da prática tântrica.

O aspecto secreto se refere finalmente não só a Palden Lhamo como também a qualquer outro Dharmapala como manifestação do próprio espírito e das quatro atividades como reflexo das energias da mandala.

As qualidades das quatro ações provêm do próprio espírito,
mesmo quando não existe nenhum espírito ou essência espiritual.
A verdade mais profunda não tem forma nem cor –
somente a manifestação do próprio espírito como uma ilusão mágica.

A RODA DA EXISTÊNCIA

Faça o bem, desista do nocivo
Atenha-se à doutrina de Buda...
Se seguires com esforço constante
o caminho da autodisciplina,
podes abandonar a roda do nascimento
e colocar um fim ao sofrimento.

(Buda Shakyamuni)

A tradição

A roda da existência pertence aos motivos mais antigos da pintura thangka proveniente da Índia. Ela mostra o mundo de samsara – e também, como nos podemos livrar dele. Podemos muito bem imaginar que os monges ou os peregrinos comuns levavam esse quadro enrolado com eles e o desenrolavam nos lugares da aldeia para ilustrar visivelmente as apresentações das verdades básicas do budismo.

De acordo com a tradição, a roda da existência surgiu quando o rei Bimbisara de Magadha, um dos mais importantes estimuladores do buda Shakyamuni, procurou um presente adequado para o soberano de uma cidade vizinha. Do próprio Buda veio a sugestão de transmitir uma visão geral de toda a sua doutrina em forma de imagem, tendo ele dado também instruções práticas de como a roda da existência devia ser formada. Embaixo do quadro estavam os versos citados no início, e quando o rei vizinho leu essas palavras, ele não só aceitou esta verdade no coração, mas também a disseminou em todo o seu reino.

A roda da existência transmite realmente, em uma única embora complicada apresentação, a essência de todos os ensinamentos de Buda. Por isso presta-se maravilhosamente para dar uma visão geral do cosmos budista e, ao mesmo tempo, para fortalecer a motivação interior para a prática do dharma, que diante dos motivos do quadro apresentado foi iluminada em alguns aspectos básicos. Além da totalidade dos âmbitos da existência dentro do samsara, ele também explica as regularidades que levam ao ser e à formação, bem como as possibilidades para sua superação e resolução. Com grande nitidez mostra os efeitos das nossas ações, que podem levar tanto a formas inferiores e mais sofridas da existência, como ao caminho para a total libertação. Bem por isso a roda da existência está colocada como lembrança e inspiração nas proximidades da entrada dos templos budistas.

Os elementos do quadro

Numa contemplação mais próxima vemos que a roda da existência se compõe de quatro círculos concêntricos, que representam diferentes cenas. Vamos então, como de costume na contemplação de uma mandala, do centro para a periferia do círculo.

Os três venenos espirituais como centro da roda

No círculo interior da roda, o ponto de rotação, estão representados três animais como encarnação dos três venenos-raiz do espírito. O porco representa o deslumbramento ou o desconhecimento básico, bem como explica o pensamento dualístico; o galo representa a paixão ou desejo e a cobra, a cólera ou a agressão. Esses componentes básicos do ego se encontram em constante interação mútua, para manter a ilusão total da roda; isso é representado pelo fato de os três animais morderem a cauda um do outro. Desses três venenos espirituais surge todo o samsara, provêm os seis âmbitos e todas as criaturas que os povoam. Se nos desviarmos da clara percepção e mergulharmos na apatia espiritual ou cobiçarmos fortemente aquilo que queremos e que nos parece desejável, ou desprezarmos o que não gostamos e nos pareça indesejável, então estamos presos no samsara e giramos para cima e para baixo com a dinâmica interior da roda da vida. Este círculo interior da roda da vida ilustra a segunda nobre verdade da causa do sofrimento.

De acordo com o budismo tântrico, a identidade do samsara e do Nirvana é desvendada quando o aspecto do desconhecimento é descoberto no jogo da ilusão. Esse não conhecer, *Avidya*, que no círculo exterior também aparecerá como primeiro membro na cadeia do surgimento dependente, relaciona-se com a falta de conhecimento do caráter sofrido da existência, que considera os fenômenos enganadores como a verdadeira realidade e com isso leva ao sofrimento e, finalmente, por sede de viver, os prende à circulação kármica dos renascimentos. De acordo com a apresentação do mahayana, Avidya também é o não conhecimento do vazio e, com isso, a crença num "outro" separado do "eu". Enquanto nos seis âmbitos da roda da vida a construção do mundo é apresentada com base nas raízes espirituais no centro, o círculo exterior simboliza os doze membros do surgimento dependente das causas originais criadas para isso na vida individual.

O lado claro e sombrio do bardo

O círculo menor seguinte mostra do lado esquerdo claro, nas figuras que se movem para cima com sua própria força, a qualidade e o efeito das boas ações, especialmente a realização através da prática espiritual, que leva a cada vez maior consciência, a um renascimento favorável e, finalmente, à libertação da circulação da existência e à iluminação de um Buda. Na metade direita escura do círculo, ao contrário, é mostrado o destino das criaturas que, em virtude de ações negativas na transmigração, são puxadas para baixo por estados cada vez mais densos e sofredores. Conforme o grau de consciência, a força de projeções e medos, o estado intermediário do bardo é vivido como um sonho entre o sono da morte e o despertar no nascimento seguinte em um dos seis planos de existência, que são representados no círculo seguinte da roda da existência.

Como mostram os budas que surgem nos seis planos de existência, cada criatura carrega a natureza de Buda em si, mas este círculo da roda da vida torna visível que o salto para a liberdade, o rompimento para o despertar está imprescindivelmente ligado à existência humana. Com isso a sequência de cenas mostra a terceira nobre verdade da libertação do sofrimento.

Os seis âmbitos de existência

A apresentação dos seis âmbitos de existência ocupa a maior parte da roda da existência. As discrepâncias visíveis entre eles acontecem por diferentes condições kármicas e, assim, em última análise, diferentes formações espirituais que, em sua forma negativa, ou seja, distorcida, são definidas como "venenos espirituais". Essas formas de energia se correlacionam com as qualidades das cinco famílias de Buda e se deixam aplicar a todos os fenômenos, portanto, consequentemente, também às características humanas.

Existem três âmbitos inferiores, nos quais impera o sofrimento ininterrupto: os infernos quentes e frios, o âmbito dos famintos e dos espíritos eternamente frustrados e o mundo dos animais. Entre os três âmbitos superiores, em que o sofrimento ao menos sofre uma interrupção temporária, contam: o céu dos deuses, o âmbito dos deuses rivais ciumentos e o nosso mundo dos homens. Na cosmologia budista esses âmbitos são entendidos como verdadeiros lugares, cujos habitantes chegaram a eles em virtude de determinadas causas kármicas e, consequentemente, se veem confrontados com condições específicas de existência. Por outro lado – e visto de maneira algo mais moderno – esses seis âmbitos, no entanto, podem ser entendidos como estados espirituais em que, em virtude das nossas situações emocionais e espirituais instáveis e muitas vezes mutáveis, sempre tornamos a cair.

O âmbito mais profundo, no centro embaixo, são os mundos infernais. Nos textos budistas tradicionais os sofrimentos nos infernos quentes e frios (possivelmente para assustar) são apresentados de forma extremamente drástica – e sem saída. A experiência dos infernos exteriores, mas também dos interiores, surge como efeito direto do ódio e da violência no agir, mas também dos pensamentos determinados pela vingança e agressão. No caráter quente ou frio dos infernos e dos castigos sofridos neles reflete-se o ódio quente ou a ira fria, que os levaram a esse estado. Aqui se trata da fixação de uma situação psicológica, em que se reflete a própria agressão em cada faceta do mundo externo.

À esquerda dos mundos infernais encontra-se o âmbito dos famintos e dos espíritos eternamente frustrados ou *pretas*. Um sentimento distorcido de carência junto com uma cobiça simultânea insaciável domina os habitantes dessa paisagem rochosa estéril do mundo apresentado. Eles são incessantemente impelidos pela energia de armazenar e querer possuir tudo, mas como nunca têm uma pausa para descanso, não podem alegrar-se com isso. Os espíritos famintos têm bocas enormes, mas seus pescoços são tão finos que nenhum alimento pode passar por eles e, portanto, nada pode saciar sua fome voraz. Seja o que for que beberem, queima como fogo em sua boca, e suas barrigas estão estufadas de alimentos não digeridos. Eles vivem totalmente presos num mundo de desejos e vícios não satisfeitos – uma outra situação sem saída.

Na metade inferior da roda, exatamente do lado oposto, à direita dos mundos infernais, fica o âmbito animal. À primeira vista, esse âmbito poderia parecer como um idílio pacífico. Mas os animais estão incessantemente ocupados em se caçar e devorar uns aos outros, ou são dominados pelo medo de ser devorados. Vista karmicamente, a experiência desse âmbito é um efeito direto da preguiça e da ignorância. Os animais têm em comum o fato de reagirem diretamente aos seus instintos e não são capazes de experiências conscientes. Com toda a diversidade exterior desse âmbito, em última análise todos os animais agem segundo modelos predeterminados para sua espécie.

Os três âmbitos inferiores: dos infernos, dos espíritos frustrados e dos animais, nos quais um renascimento é considerado uma infelicidade, contrapõem-se aos três âmbitos superiores: dos deuses, dos deuses rivais ciumentos e dos homens. Bem em cima, na metade superior do círculo, encontra-se como polo oposto dos mundos infernais, o céu dos deuses ou *devas*. Eles gozam uma vida aparentemente paradisíaca e estão orgulhosos disso; no entanto, estão presos à euforia do estado pessoal de concentração espiritual. Como tudo, esse âmbito também está sujeito a um estado agradável de efemeridade e o que segue, em comparação com ele, deve parecer obrigatoriamente um "inferno".

À direita, embaixo do céu dos deuses está o âmbito dos deuses rivais ciumentos ou *Asuras*, que lembram os titãs gregos. De acordo com a mitologia, eles devem ter morado junto com os deuses no céu, mas depois, em estado de embriaguez, devem ter sido jogados no grande mar do mundo. Eles estão enredados em incessantes esforços e lutas e fazem guerra aos deuses, mas também entre eles pelo domínio. Motivo disso é a árvore da imortalidade que realiza os desejos. Suas raízes e seu tronco na verdade se encontram no âmbito dos Asuras, mas somente os deuses podem colher os seus frutos. Por isso, os Asuras tentam lutar contra os deuses e derrubar a árvore, mas todo o seu esforço está destinado a fracassar continuamente.

O último âmbito, à esquerda, embaixo do céu dos deuses, é finalmente o mundo dos homens. Os homens são mostrados nas mais diversas atividades, pois diferentemente dos deuses eles têm de trabalhar e se esforçar; quase sem interrupção eles estão na busca de uma situação ideal. No entanto, eles vivem no único âmbito em que o dharma é ensinado e, assim, existe a chance de despertar. Apenas os homens podem ver a natureza fenomenal do mundo e alcançar a libertação do samsara. Essa libertação deve ser entendida como libertação da circulação da roda da vida, dos sofrimentos pela transitoriedade. Em virtude dessa possibilidade, o renascimento humano é considerado especialmente valioso.

Os seis âmbitos da existência, bem como a sequência de cenas dos doze membros no círculo exterior da roda da vida simbolizam a primeira das quatro nobres verdades de Buda, a verdade do sofrimento. Em todos os seis âmbitos aparece um Buda como indicação de que a libertação sempre é possível. Em cada âmbito ele usa a "fala" correspondente, que pode ser entendida pelas criaturas que vivem aí. Por exemplo, junto aos pretas ele segura um recipiente cheio do néctar da vida e junto aos deuses ele toca um alaúde. No mundo dos homens Buda aparece com uma tigela de esmolas, o que deve ser entendido como uma indicação no caminho da libertação.

Os doze membros da formação dependente

O círculo exterior representa os doze membros ou *nidanas* da formação dependente. Eles têm de vir juntos, para que a existência humana possa ser criada e o karma ser levado adiante. Esses fatores da existência, cuja sequência ininterrupta da circulação do samsara, o mundo da ilusão e do sofrimento, são os que os mantêm desde o tempo infinito e para toda a eternidade. *Nidana* significa "cadeia" e aqui é literalmente posta em ação uma reação em cadeia. A visão resultante de antigo condicionamento influencia o pensamento presente e este, irrevogavelmente também a ação. Disso surge a futura formação espiritual... *ad infinitum*. A mensagem central da roda da vida também deve ser entendida como uma indicação clara para não entrar nessa circulação e também, e principalmente, de não se enredar nela.

A sequência da imagem do círculo exterior começa em cima à direita das presas de Yama. À primeira vista é representada uma velha avó cega, que simboliza *Avidya* – o desconhecimento básico como sentimento de mal entendida identidade e desconhecimento do caráter sofrido de todo ser. Por uma queda da consciência surge um tipo de cegueira espiritual, o que põe em movimento a roda da vida com suas experiências dolorosas.

A imagem seguinte no sentido horário apresenta um oleiro que está justamente fazendo potes. Estes representam nossas tendências kármicas e na maioria das vezes afinidades psíquicas inconscientes que dão forma à nossa vida sem que as questionemos.

A terceira imagem mostra um macaco que pula selvagem ao redor, que encarna a consciência ou a capacidade de dar uma estrutura coerente às descoordenadas forças psíquicas A consciência define tudo o que encontra, com nome e forma, representada na quarta imagem por dois homens que remam ao longo de um rio num pequeno bote. Nome e forma se baseiam nas impressões que os seis sentidos transmitem: os cinco sentidos: visão, audição, olfato, paladar e tato, bem como adicionalmente o "sexto sentido" do espírito que pensa e organiza. A quinta imagem, uma casa com seis janelas, é uma apresentação das seis bases ou objetos dos órgãos dos sentidos.

Com esses cinco primeiros membros na cadeia da formação dependente está lançado o alicerce, que se baseia na turbação de *Vidya*, a consciência incondicional e sua certeza atual. O próximo membro dessa espiral é o contato: o contato dos sentidos com um objeto do mundo exterior, representado na sexta imagem por um homem e uma mulher no ato sexual – por certo uma das mais plenas formas de contato. Esse contato dos sentidos desperta uma concentrada carga de sensações e sentimentos emocionais. Isso é apresentado na sétima imagem por um homem cujo único olho foi perfurado por uma flecha. A santidade dos sentimentos e a distração causada por eles, mas também a dor despertada por eles são extremamente visíveis.

De uma reação de sentimentos como essa, com frequência cresce como membro seguinte a alegria de viver ou o desejo de determinados objetos dos sentidos e, com isso, a causa para a aderência na circulação da existência. Isso é apresentado na oitava imagem por um homem que consome bebida alcoólica. Na imagem seguinte aparece uma árvore carregada de frutos que são colhidos pelo já conhecido espírito do macaco. As ações kármicas trazem em si as sementes para amadurecer e dar frutos, que então devem ser colhidos e consumidos. As três imagens restantes mostram o inevitável processo do ser: o nascimento, a velhice, a doença e a morte, representada por um local de combustão. Então a circulação se inicia outra vez, posta em movimento pelo desconhecimento básico. Buda reconheceu sob a árvore Bodhi o sofrimento necessário e característico da existência humana como primeira nobre verdade e indicou o caminho para um encerramento.

A superação da circulação

A roda da vida como um todo é mantida nas garras e nas presas de Yama – o senhor ou juiz dos mortos, que na mitologia budista também é considerado o soberano dos mundos infernais. Yama usa uma coroa feita de cinco crânios, que representam os cinco *kleshas*: raiva, orgulho, paixão, ciúme e ignorância. Estes cinco impedimentos emocionais ou venenos do espírito aqui se tornam ornamentos do dharma, pois pelos meios da prática tântrica suas energias podem ser transformadas.

Do lado de fora do universo, que é dominado por Yama, está representada a quarta verdade nobre do encerramento do sofrimento. Aqui, no canto superior direito encontra-se um buda, sentado numa lua cheia que brilha através das nuvens. Este representa simbolicamente a plenitude dos ensinamentos, que podem levar à libertação definitiva do sofrido ser e morrer, cuja certeza penetra todos os aqui retratados âmbitos de existência. Do lado esquerdo aparece Avalokiteshvara, o Bodhisattva da compaixão, em sua forma de aparição como Padmapani, cuja ação igualmente pode libertar as criaturas da circulação do samsara.

Aspectos da prática

*OM YE DHARMA HETU PRABHAVA HETUN TESHAN
TATHAGATO HYAVADAT TESHAN CHA YO NIRODHA EVAM
VADI MAHASHRAMANA SVAHA*

*Todos os dharmas estão ligados com a causa e o efeito.
O desperto aprendeu que causa e efeito são a origem da realidade,
A libertação cresce do conhecimento do
inter-relacionamento de causa e efeito
Assim seja.*

(Mantra da formação dependente)

A roda da vida pertence aos quadros comemorativos que conseguem representar plasticamente a totalidade da existência e sempre expressam verdades válidas. Esses quadros podem servir como ajuda prática de vida, que conseguem mostrar aos homens a possibilidade de regular sua existência, seus limites, mas também as suas oportunidades. A doutrina do dharma e a compaixão do Buda por todas as criaturas são a imagem contrária dos três venenos-raiz, que são apresentados no centro da roda da vida e que a colocam em movimento.

Como já mencionamos, os seis âmbitos também podem ser entendidos como estados espirituais. Chögyam Trungpa os traduz como "diferentes formas de confirmação samsárica", que criam determinado tipo de jogo de realidade. Eles também correspondem à sintonia sentimental com nós mesmos e com o nosso ambiente. Embora habitualmente cada um de nós esteja mental e psiquicamente firmemente enraizado em um desses âmbitos e é formado por ele, no decurso de um único dia podemos captar algumas facetas sentimentais de todos os âmbitos. Nós, seres humanos, ao menos potencialmente, estamos na feliz situação de reconhecer o mecanismo das nossas projeções. No âmbito humano muitas vezes o sofrimento se expressa na forma da insatisfação, mas podemos perceber a confusão e elaborá-la com a energia kármica. Através das nossas ações, das nossas palavras e não por último dos nossos pensamentos podemos dissolver os condicionamentos kármicos.

Cada praticante é então exortado a compreender as realidades da própria vida e, com isso, as bases em que repousa sua prática. A cadeia da formação dependente esclarece como, em cada momento, a experiência dualística do espaço aberto da percepção original através da concepção errada da realidade e dos resultantes processos espirituais se firma e assim cria a ilusão da existência condicional. Enquanto a roda da existência, o samsara, escolhe como ponto de partida para sua apresentação toda a doutrina budista, ela também oferece a base do trabalho para a prática do dharma. A compreensão da natureza psicológica do samsara é o primeiro passo para a libertação e para o caminho que leva à iluminação. Contida nele está a exigência de treinar o próprio espírito através da percepção contínua e da prática constante.

Os numerosos inter-relacionamentos entre as raízes espirituais para a construção, ou seja, para a projeção do mundo, suas diferentes formas e aparência nos seis âmbitos e os doze membros da formação dependente como causas individuais criadas podem iluminar a contemplação do quadro na roda da existência. Enquanto samsara for mantido por meio da incessante autocriação e condicionamento contínuo do espírito humano e do apego aos três venenos espirituais, a libertação espiritual do samsara levará ao nirvana, o estado do maior despertar. O pensamento na libertação individual da circulação da existência corresponde a uma concepção ainda limitada do nirvana. Para um Buda, esse estado desperto da não permanência, ao contrário, não é nem a queda no extremo da existência samsárica nem o estado passivo da total estagnação ou extinção.

Se o aspecto do desconhecimento é visível no jogo da ilusão, revela-se a identidade do samsara e do nirvana. No *Küngye Gyalpo* de um tantra dzogchen cujo título traduzido quer dizer "o rei que tudo cria", explica-se que é o espírito do rei que deixa surgir o samsara e o nirvana e que por isso temos de conhecer esse rei. Nós apenas pensamos que viajamos na visão impura e ilusória do samsara, mas na realidade só o nosso espírito viaja – e ele também é o que na forma purificada pode concretizar a iluminação. Ele é a base de tudo; samsara e nirvana provêm dele como a criatura senciente e desperta. A verdadeira natureza do espírito é desde o início totalmente pura, mas lhe falta esse autoconhecimento, visto que o espírito puro está momentaneamente obscurecido por impurezas e coberto de desconhecimento. Por isso surgem os pensamentos e ações ilusórios, que causam o karma e levam à peregrinação pelos seis âmbitos da existência. Quando reconhecemos o próprio estado interior como originalmente puro e podemos manter vivo esse conhecimento no presente, desaparecem os véus que cobrem o espírito. Nada mais além da percepção do espírito purificado é definido como a iluminação ou o nirvana.

O guru Padmasambhava nos leva ao ponto com as seguintes palavras: "O espírito é o criador do samsara e do nirvana. Fora do espírito não existem samsara e nirvana." Se percebermos o caráter ilusório e por isso sofredor do samsara, é possível que se revele sua identidade com o nirvana e seus âmbitos de ser, retratados em muitos quadros de meditação tibetana, tornem acessíveis a nós os âmbitos de ser transcendentes e os estados felizes.

Todos os fenômenos na circulação das existências,
caracterizados pelo apego e rejeição
são apenas realidades passageiras.
Se aprenderes isso, em toda parte verás países de ouro.

(Gendün Gyatso, 2º Dalai Lama)

DEDICATÓRIA DE MERECIMENTO

*Possam por meio deste merecimento
todas as criaturas senscientes que preenchem o espaço
ser totalmente libertadas das suas ações e tendências negativas,
que existem desde o início dos tempos,
e das suas opiniões errôneas.
Possam elas reconhecer seu semblante natural,
que penetra a totalidade do Dharmadhatu.*

(Rangjung Rigpe Dorje, 16º Karmapa)

AGRADECIMENTOS

Existe um modo de falar tibetano: "Um mau aluno tem muitos professores". Isso me atinge.

Sou muito feliz por poder seguir, na minha vida, Mestres realmente grandes e por eles me ajudarem sempre no meu caminho. A eles, que me permitiram participar do seu conhecimento de velhos tempos, das suas linhas de transmissão e da sua riqueza espiritual, envio minha profunda gratidão.

Com grande dedicação e respeito eu me inclino diante de Chögyal Namkhai Norbu, que abriu o meu espírito e me presenteia com a luz da inspiração.

Nick Dudka (pintor das thangkas)

* * *

Todos os professores do Dharma que encontrei em pessoa e através dos seus escritos no meu caminho foram uma inspiração para o trabalho deste livro. Gostaria de agradecer especialmente a Dagyab Kyabgön Rinpoche pela sua grande amabilidade e paciência ao responder a muitas perguntas detalhadas sobre iconografia e prática com a maior competência, bem como pelo seu estímulo criativo sobre a sequência dos motivos e formação. Por todos os erros e negligências somente eu carrego naturalmente toda a responsabilidade e peço a consideração de todos os Dharmapalas.

Wolfgang Jünemann, que edita há mais de 30 anos o calendário Thangka, tem o grande mérito de ter preparado a base e o caminho para o fruto deste projeto.

Agradeço a Yesche Udo Regel e Lu Gyalpo pelas profundas conversas; além disso, a Petra e Jürgen Theis pelo apoio, pelo qual o enquadramento temporal do trabalho nesse projeto pôde ser generosamente prolongado.

Sylvia Luetjohann (autora do texto)

GLOSSÁRIO

Adi-Buda: literalmente, "nascido de si mesmo". Buda primordial ou original do plano do dharmakaya; na escola nyingma como *Samantabhadra*, nas mais recentes escolas de tradução encarnado como *Vajradhara*.

Akshobhya: "o inabalável"; na mandala dos *Dhyani-Budas* no Oriente, e senhor da família Vajra.

Amitabha: em tibetano, *Öpame* "luz ilimitada"; na mandala dos *Dhyani-Budas* no Ocidente, e senhor da família Padma.

Amitayus: em tibetano *Tsepame* "vida ilimitada"; forma sambhogakaya do buda Amitabha.

Amoghasiddhi: "que realiza imperturbável o seu objetivo"; na mandala dos *Dhyani-Budas* no norte e senhor da família Karma.

Asuras: o semideus ciumento ou deus rival, um dos três âmbitos superiores da roda da vida.

Ati-Yoga: veja *dzogchen*.

Avalokiteshvara: em tibetano *Chenresi*, Bodhisattva e Buda da compaixão, patrono protetor do Tibete e uma das mais importantes divindades de meditação.

Avidya: "Não conhecimento" ou "fanatismo"; desconhecimento básico, falta de visão da natureza da existência.

Bardo: "estado intermediário"; o estado entre a morte e o renascimento na próxima vida.

Bodhi: em tibetano *chang chub*, "iluminação"; sabedoria perfeita através da visão da natureza da realidade e a compaixão perfeita pelas outras criaturas que dela nasce.

Bodhichitta: "espírito da iluminação"; a motivação para alcançar a iluminação para o bem de todas as criaturas senscientes. *Bodhichitta absoluto* é o vazio, que é inseparável da compaixão. Disso provém o

Bodhichitta relativo que desenvolve a ação compassiva e pratica as ações perfeitas. Veja também *Paramitas*.

Bodhisattva: "essência da iluminação", em tibetano *changchub sempa*, "herói iluminado"; um ser que procura formar a sua vida a partir da motivação do *Bodhichitta*, para tornar-se um buda. Como figura ideal do Mahayana um Bodhisattva não está enredado nas turbulências do samsara nem visa à total dissolução no nirvana.

Bön: a religião pré-Budista xamanicamente formada do Tibete, da qual determinados elementos passaram para o ritual e a arte do budismo vajrayana.

Caminho do meio: em sânscrito *Madhyamaka*; a visão de ser e não ser das coisas apresentada no *Prajnaparamita-Sutra* e depois principalmente por Nagarjuna; de acordo com isso alguns fenômenos estão sujeitos à *formação dependente* e são "vazios", mesmo quando se manifestam ao mesmo tempo.

Chenresi: veja *Avalokiteshvara*.

Cinco famílias de Buda: veja Dhyani-Budas.

Dakini: em tibetano *Khandroma*, "viajante do céu"; encarnação atual da sabedoria desperta, que protege o dharma e os praticantes; uma das raízes do refúgio.

Devas: os deuses sujeitos à circulação da existência; um dos três âmbitos superiores da roda da vida.

Dewachen: em sânscrito *Sukhavati*, paraíso ocidental, o país puro do buda Amitabha.

Dharma: em tibetano *chö*; a doutrina, a verdade ou a "lei" de Buda; um dos três objetos do refúgio. Como *dharmas*, no entanto, também podem ser designados fenômenos ou objetos mentais.

Dharmachakra-Mudra: gesto simbólico da mão para colocar em movimento e girar a roda da doutrina.

Dharmakaya: veja *Trikaya*.

Dharmapala: "protetor da doutrina"; um ser que se obrigou a proteger o Dharma e seus praticantes.

Dhyani-Budas: Cinco Budas transcendentes no âmbito do Sambhogakaya, os senhores das cinco famílias de Buda na mandala, que encarnam cinco formas diferentes de sabedoria, mas são manifestações de um princípio de Buda.

Doze membros da formação dependente: veja *Nidana*.

Dzogchen: em sânscrito *Maha Ati*, a "grande perfeição", também chamado de Ati-yoga; o mais elevado do tantra interior na escola nyingma, a doutrina da pureza original do espírito. A linha de transmissão de dzogchen começa com Garab Dorje; uma outra com Padmasambhava.

Dzogrim: veja *nível de perfeição*.

Formação dependente: em sânscrito *Pratityasamutpada*, o surgimento condicionado da nossa existência na dependência recíproca de todos os fenômenos. A cadeia da formação dependente compõe-se de doze membros e começa com o desconhecimento básico. No hinayana ele é a causa do surgimento do sofrimento, no mahayana deriva dele a relatividade e o vazio de todos os fenômenos. – Veja também *Nidana*.

Garab Dorje: veja dzogchen.

Heruka: divindade masculina raivosa; encarnação da força de iluminação, que supera o desconhecimento e o apego ao ego.

Hinayana: veja *Yana*.

Kleshas: "Pragas" ou "manchas"; os cinco venenos espirituais ou obstáculos emocionais: raiva, orgulho, paixão, ciúme e ignorância.

Kyerim: veja *nível de desenvolvimento*.

Lojong: designação que remonta ao Atisha e Chekawa Yeshe Dorje. "Treinamento do espírito nas sete práticas", que serve ao desenvolvimento do *Bodhichitta*. Veja também *tonglen*.

Lokapala: "protetor do lugar", divindade protetora local e mundial. Veja também *Dharmapala*.

Madhyamaka: veja *caminho do meio*.

Maha Ati: veja *dzogchen*.

Mahamudra: "Grande selo"; também "grande símbolo"; conceito da tradição kagyü para a mais elevada prática sem forma, segundo a qual o conhecimento da realidade do símbolo é para a experiência e leva à transformação nas qualidades do vazio e da clareza.

Mahayana: "Grande veículo", o Yana budista do meio acentua a visão do vazio de todos os fenômenos e a motivação da compaixão. A figura ideal do Mahayana é o *Bodhisattva*.

Maitri: "bondade amorosa"; ao lado da compaixão, alegria e impassibilidade é uma das quatro qualidades imensuráveis.

Mandala: literalmente, "centro e periferia"; uma imagem usada na meditação, que une o aparente caos e a complexidade que não possibilita uma visão de conjunto da experiência num todo organizado; na prática tântrica a representação simbólica dos âmbitos de uma divindade de meditação. O sacrifício da mandala é uma representação simbólica do universo.

Manjugosha: "aquele com voz suave"; veja *Manjushri*.

Manjushri: em tibetano *Jampel Yang* ou *Jamyang*, "o que é nobre e suave", também Manjugosha; Bodhisattva e Buda da sabedoria, forma personificada de *Prajnaparamita*.

Mantra: uma ligação das sílabas sânscritas num som criativo, em que também se encarna a essência de um Buda ou uma divindade de meditação; protege o espírito dos praticantes da percepção habitual e invoca a presença do *yidam* na prática sadhana.

Mantrayana: veja *vajrayana*.

Mudra: "sinal do selo", pode ser todo tipo de símbolo. Nas meditações tântricas do vajrayana os mudras representam gestos simbólicos da mão, que são usados durante a prática do Sadhana para acentuar a qualidade dos momentos importantes. Em geral mudra significa a cor e o paladar dos fenômenos. Obviamente ele aparece por si mesmo: o símbolo e aquilo que ele simboliza, não podem mais ser separados – veja também *Dharmachakra-Mudra*, *Varada-Mudra*, *Vitarka-Mudra*.

Nagas: criaturas semelhantes à serpente; divindades da água, que muitas vezes são guardiãs de grandes tesouros, como os textos budistas.

Ngöndro: Exercícios preparatórios para a prática do *mahamudra* e *dzogchen*. Aos quatro exercícios ngöndro especiais pertencem a tomada de refúgio com as mesuras e o despertar de *Bodhichitta*, a prática de Vajrasattva, o sacrifício da mandala e o guru-yoga.

Nidana: "elo de ligação"; os doze membros que formam a cadeia da formação dependente: 1. Desconhecimento básico (*Avidya*); 2. Cunhagens kármicas e ações formadoras (*Samskaras*); 3. Consciência (*Vijnana*); 4. Nome e forma (*Namarupa*); 5. Os seis objetos dos órgãos dos sentidos (*Shadayatana*); 6. Contato (*Sparsha*); 7. Sensação (*Vedana*); 8. Desejo (*Trishna*); 9. Pegar (*Upadana*); 10. Ser (*Bhava*); 11. Nascimento (*Jati*) 12. Velhice e morte (*Jara*).

Nirmanakaya: veja *Trikaya*.

Nirvana: literalmente "apagar"; no budismo nirvana define o estado da liberdade espiritual do *samsara* no sentido do despertar definitivo, que não significa a mesma coisa que o estado passivo da paralisação ou da dissolução.

Nível de desenvolvimento: em tibetano *kyerim:* o primeiro dos dois níveis de desenvolvimento no mais elevado Yoga-tantra e que é criado como aspecto de Buda pela visualização do Yidam.

Nível da perfeição: em tibetano *dzogrim*, o segundo dos dois níveis e exercício na mais elevada Yoga-tantra. Aqui são praticados nossos exercícios energéticos, e aquelas formas visualizadas no *nível de desenvolvimento* são dissolvidas no vazio.

Oddiyana: em tibetano *Orgyen*, país envolto em sagas no noroeste da Índia; lar do guru Padmasambhava, país místico das dakinis e de revelações secretas.

Padmapani: "o que segura um lótus"; forma de aparição do Bodhisattva *Avalokiteshvara*.

Palden Lhamo: em sânscrito *Shri Devi*, a "grande deusa"; poderoso *dharmapala* feminino.

Paramitas, seis: as "virtudes transcendentes" ou "ações perfeitas" como prática no caminho do Bodhisattva: generosidade (*Dana*), disciplina ou ética (*Shila*), paciência (*Kshanti*), esforço alegre ou energia (*Virya*), meditação (*Dhyana*) e sabedoria (*Prajna*) como conhecimento do vazio.

Potala: montanha no Sul da Índia e tradicionalmente sede de Avalokiteshvara; os Dalai Lama que valem como emanações de Avalokiteshvara, residem na montanha Marpori, em Lhasa, mencionada depois.

Prajnaparamita: "perfeição da sabedoria"; uma das paramitas e ao mesmo tempo designação dos ensinamentos mahayana sobre a concretização da sabedoria e do vazio e dos sutras organizados sob esse nome.

Pretas: os espíritos famintos e, portanto, eternamente frustrados; um dos três âmbitos inferiores da roda da vida.

Puja: cerimônia com recitação de texto, invocação e visualização de divindades bem como a apresentação ritual de dádivas sacrificiais.

Rakshasas: espíritos demoníacos que tendem ao canibalismo; localizados principalmente no Sri Lanka.

Rime: literalmente "imparcial", uma corrente espiritual não sectária principalmente no leste do Tibete no século XIX. Através desse movimento os mestres budistas tentaram em diferentes escolas aceitar cada tradição em sua própria permanência e uni-las parcialmente numa síntese. Seus principais representantes são Jamyang Khyentse Wangpo, Jamgon Kongtrul, Patrul Rinpoche e Mipham Rinpoche.

Roda da existência: em sânscrito *Bhavachakra*, em tibetano *Sipa Khorlo*; a apresentação da circulação das existências no samsara com os seis âmbitos do ser, os doze membros da *formação dependente* e os três venenos-raiz como causa do sofrimento nessa circulação – Veja também *Nidana*.

Sadhana: designação de uma determinada forma de prática tântrica, na maioria das vezes com a visualização de um yidam e do texto ritual usado nele.

Samantabhadra: veja Adi-Buda.

Samaya: "dever consagrado", promessa tântrica no vajrayana.

Sambhogakaya: veja *Trikaya*.

Samsara: "circulação da existência", que cria a si mesmo e o condicionamento contínuo do próprio espírito e o apego aos venenos-raiz do espírito: desconhecimento, cobiça e ódio. O despertar para fora disso leva a um estado de liberdade espiritual – veja também *Nirvana*.

Sangha: comunidade de praticantes budistas, uma das *três Joias*.

Sangye: "Buda"; em tibetano *Sang*, "desperto" e *Gye*, "dilatado"; um buda é um ser que foi despertado do sono do desconhecimento e experimentou qualidades positivas em tudo.

Shamata: em tibetano *Shine*, "permanência tranquila": nível da prática de meditação sem forma, para manter o espírito tranquilo; preparativo para a prática *Vipassana*.

Shri Devi: também *Shrimati Devi*, a "grande deusa". Veja também *Palden Lhamo*.

Siddhi: "capacidade perfeita", realização pela prática. Os oito siddhis habituais são capacidades sobrenaturais decorrentes da prática; o mais elevado ou *extraordinário siddhi* é o estado desperto.

Sino: em sânscrito *gantha*, em tibetano *drilbu*, símbolo da sabedoria, o conhecimento da natureza da realidade, e o vazio de todos os fenômenos. O sino é um objeto ritual importante, na maioria das vezes em ligação com o *vajra* como símbolo para meio hábil.

Stupa: em tibetano *chörten*, um objeto tridimensional ou construção como símbolo da iluminação, que encarna em seus elementos os níveis essenciais no caminho da libertação e que aceita as relíquias de seres iluminados ou outros objetos sagrados.

Tara: em tibetano *Dölma*, a encarnação feminina da atividade de Buda e da compaixão ativa, a Tara Verde (em sânscrito *Shyamatara*, em tibetano *Dölma Jangu* = *Döljang*) ajuda em todas as situações de vida e na superação dos obstáculos. A Tara Branca (em sânscrito *Sitatara*, em tibetano *Dölma Karpo* = *Dölkar*) é invocada principalmente nas doenças e para o prolongamento da vida.

Terma: "texto-tesouro"; originalmente compilados por Padmasambhava e escondidos por Yeshe Tsogyal, reencontrados em períodos posteriores. Objetos de ritual e relíquias também podem ser *termas*.

Tertön: "descobridor do tesouro" na tradição nyingma, dotado da capacidade de descobrir e decifrar escritos ocultos (*Termas*) ou objetos.

Tonglen: "enviar e receber", um exercício em que a pessoa realiza a troca com outros e se coloca no lugar deles. Parte da prática do treinamento do espírito para o desenvolvimento de *Bodhichitta*.

Três corpos de um *Buda*: Veja *Trikaya*.

Três famílias: em tibetano *rigsum*, também "três artes", as qualidades de iluminação, sabedoria, compaixão e força de ação como expressão do corpo, da fala e do espírito de Buda. Os senhores da proteção das três famílias são *Manjushri*, *Avalokiteshvara* e *Vajrapani*.

Três joias: os objetos do refúgio – Buda, o desperto como professor, *dharma*, a doutrina, e *sangha*, a comunidade dos praticantes.

Três raízes: Três objetos adicionais do refúgio vajrayana – o guru como raiz da bênção, o yidam como raiz da realização e dakini como raiz da atividade.

Trikaya: "Três corpos"; o corpo absoluto do *Dharmakaya* é o âmbito das cinco sabedorias de Buda; essas se manifestam no âmbito do *Sambhogakaya* como os cinco *Dhyani-Budas* transcendentes e os *Bhodisattvas* atribuídos a eles; o *Nirmanakaya* (em tibetano *Tulku*) é o corpo aparente desse ser humano iluminado. Uma outra definição explica os Três Corpos como as três dimensões da existência psicofísica: a dimensão material do corpo e da matéria (*Nirmanakaya*), a dimensão energética da felicidade espiritual (*Sambhogakaya*) e a indescritível dimensão do próprio espírito (*Dharmakaya*).

Tulku: veja *Trikaya*.

Vajra: em tibetano *dorje*, "diamante" ou "raios"; símbolo da energia primordial do universo, que no Vajrayana se torna o símbolo indestrutível da força da compaixão ativa e se torna o meio hábil; importante objeto ritual tântrico.

Vajradhara: em tibetano *Dorje Chang*, o "mantenedor do Vajra"; forma personificada do dharmakaya e encarnação do guru pessoal. Veja também *Adi-Buda*.

Vajrapani: em tibetano *Chana Dorje*, "aquele com o vajra na mão"; um dos oito Mahabodhisattvas, como um dos senhores protetores das três famílias, a essência da força de todos os budas e na prática tântrica um yidam raivoso.

Vajrasattva: em tibetano *Dorje Sempa*, "ser vajra"; um buda no âmbito do Sambhogakaya em que estão encarnadas todas as famílias de Buda. Como encarnação da pureza de todos os budas ele está ligado a uma significativa prática de purificação tântrica.

Vajrayana: "Veículo de diamante", também sinônimo do "Mantrayana secreto"; a formação tibetana do budismo que se desenvolveu a partir da influência tântrica do *Mahayana* hindu e que trabalha na transformação com meios especialmente hábeis.

Varada-Mudra: gesto simbólico da mão de realização dos desejos e da autorização da graça, que concede a iluminação aos siddhis comuns e também ao siddhi mais elevado.

Vazio: em sânscrito *Shunyata*, a essência da doutrina budista, que em virtude da mútua dependência de todas as formas aparentes estão "vazias" de uma existência independente e de uma natureza própria do eu.

Vidya: "conhecimento"; a certeza incondicional e sempre presente.

Vipassana: em tibetano *Lhatong*, meditação sem forma, também conhecida como "meditação do conhecimento" que depois da "permanência tranquila" (*Shamantha*) examina a natureza do espírito e desenvolve uma percepção panorâmica.

Vitarka-Mudra: gesto simbólico da mão da apresentação do vazio.

Yakshas: seres semideuses sobrenaturais, muitas vezes divindades locais que desejando o bem, também podem ser malévolas como encarnação de poderes demoníacos selvagens.

Yana: literalmente "veículo". Designação para os diferentes caminhos budistas para a iluminação. Existe a tripla divisão: *hinayana* ("pequeno veículo"), o antigo budismo Theravada; *mahayana* ("grande veículo"), o Caminho do Bodhisattva, que tem como meta a libertação de todas as criaturas, e *Vajrayana* ("veículo de diamante"), o budismo tântrico tibetano, que trabalha com métodos excepcionalmente poderosos. De acordo com uma posição tradicional da escola nyingma existem, em virtude de uma subdivisão diferenciada, ao todo nove yanas, em que três tantras interiores (maha-yoga, anu-yoga e ati-yoga ou dzogchen) só pertencem à escola nyingma.

Yidam: literalmente "espírito consagrado", a pura manifestação espiritual dos praticantes que aparece na forma da sua divindade pessoal de meditação. Além de guru e dakini, o yidam é uma das três raízes da prática vajrayana.

BIBLIOGRAFIA

Baker, Ian A. e *Thomas Laird*: Der geheime Tempel von Tibet; eine mystische Reise in die Welt des Tantra. *Munique (Bucher) 2000.*

Dagyab Kyabgön Rinpoche: "Götter-Wesen oder Projektionen des Geistes?", em: Chökor, *edição nº 33/outubro 2002.*

Kalu Rinpoche: Geflüsterte Weisheit; die Lehren des Eremiten vom Berge, *Frankfurt (Krüger/Fischer)1997/2001.*

Khyentse, Dilgo. The Excellent Path to Enlightenment, *Ithaca, N. Y. (Snow Lion Publications) 1996.*

Kongtrul, Jamgon: Das Licht der Gewissheit, *Friburgo (Aurum) 1979.*

Landaw, Jonathan e *Andy Weber*: Bilder des Erwachens; tibetische Kunst als innere Erfahrung, *Munique, (Editora Diamant) 1997.*

Lingpa, Jigme: The Dzogchen Preliminary Practice of the Innermost Essence; the Longchen Nyingthig Ngöndro. *Traduzido e comentado por Tulku Thondup, Dharamsala (Library of Tibetan Works and Archives) 1982.*

Midal, Fabrice: Tibetische Mythen und Gottheiten; Einblick in eine spirituelle Welt, *Berlim (Theseus) 2002.*

Mullin, Glenn H. e *outros:* Female Buddhas; Women of Enlightenment in Tibetan Mystical Art. *Santa Fé (Clear Light Publishers) 2003.*

Norbu, Namkhai. Dzogchen, der Weg des Lichts: die Lehren von Sutra, Tantra und Ati-yoga, *Munique (Diederich) 1998 (reedição revisada).*

Patrul Rinpoche: Die Worte meines vollendeten Lehren; ein Leitfaden für die Vorbereitenden Übungen der "Herzessenz der weiten Dimension" des Dzogchen. *Freiamt (Arbor) 2001.*

Rhie, Marylin e *Robert Thurman* (*org.*): Weisheit und Liebe; 1000 Jahre Kunst des tibetischen Buddhismus. *Colônia (DuMont) 1996 (em traba-*

lho conjunto com Kunst und Ausstellungshalle der Bundesrepublic Deutschland, Bonn).

Sagaster, Klaus (org.): Ikonographie und Symbolik des tibetischen Buddhismus Teil A I und II von Loden Sherap Dagyab: Die Sadhanas der Sammlung Ba-ri nrgya-rtsa. *Wiesbaden (Harrassowitz) 1983*.

Schumann, Hans Wolfgang: Buddhistische Bilderwelt; ein ikonographisches Hanbuch des Mahayana und Tantrayana-Buddhismus. *Munique (Diederich) 1986*.

Sogyal Rinpoche: Dzogchen und Padmasambhava. *Wiesbaden (Ratnakosha) 3ª edição 1995*.

A Tibetan Buddhist Companion. *Composto e traduzido por Erik Pema Kunsang, Boston/Londres (Shambhala) 2003*.

Trungpa, Chögyam: Der Mythos Freiheit und der Weg der Meditation [O Mito da Liberdade e o Caminho da Meditação, *publicado pela Editora Cultrix, São Paulo, 1988.*], Küsnacht/Berlim (Theseus) 1994/1996.

_____: Visual Dharma; the Buddhist Art of Tibet. *Berkeley/Londres (Shambhala) 1975*.

Tsogyal, Yeshe: Der Lotosgeborene im Land des Schnees; wie Padmasambhava den Buddhismus nach Tibet brachte. *Frankfurt (Fischer) 1996*.

Willson, Martin: In Praise of Tara; Songs to the Saviouress. *Londres/Boston (Wisdom) 1986/1996*.

Willson, Martin e Martin Brauen (org.): Deities of Tibetan Buddhism; the Zürich Paintings of the Icons Worthwhile to See. *Boston (Wisdom), 2000*.

Woll, Alfred: "Zur Praxis mit Meditationsgottheiten", *em* Chökor, Augsburgo, edição nº 33/ outubro de 2002.